轻创业

从零开始学做一人公司

谭泽兴 著

北京日报出版社

图书在版编目（CIP）数据

AI轻创业：从零开始学做一人公司 / 谭泽兴著.
北京：北京日报出版社，2025. 6. -- ISBN 978-7-5477-5254-8

Ⅰ. F241.4-39

中国国家版本馆CIP数据核字第2025JY7558号

AI轻创业：从零开始学做一人公司

出版发行：	北京日报出版社
地　　址：	北京市东城区东单三条8-16号东方广场东配楼四层
邮　　编：	100005
电　　话：	发行部：（010）65255876
	总编室：（010）65252135
印　　刷：	河北盛世彩捷印刷有限公司
经　　销：	各地新华书店
版　　次：	2025年6月第1版
	2025年6月第1次印刷
开　　本：	710毫米×1000毫米　1/16
印　　张：	16.75
字　　数：	223千字
定　　价：	69.00元

版权所有，侵权必究，未经许可，不得转载

PREFACE 前言

这本《AI轻创业：从零开始学做一人公司》专为AI时代的借势者而生。

无论你是正在创业的探索者、带领团队的管理者，还是渴望"第二曲线"实现财富超车的职场人，这本书都将成为指引你突围方向的"地图"。

相较于传统经管商业书籍，本书的独特价值在于：

不谈空泛理论，只给可执行的落地步骤。

不追热点风口，专注于可持续增长的底层逻辑。

我深度拆解了AI轻创业时代的核心能力，包括产品设计、IP打造、引流获客、私域运营和批量成交等，提炼出一套跨行业可复制的实战方法论，让你看过以后，就能拥有一个能赚钱的商业闭环。

◆ **锁定AI时代新航向，一键开启"人生赢家"剧本**

你好，我是泽兴，一个AI时代的创业者。

我曾经在知名互联网教育公司担任过商业文案负责人、教育MCN业务部主管，深度参与过肖厂长聊商业、同传姐妹花等几十个账号的运营，也给100多位明星教师和创始人策划过个人品牌营销案。

在创立自己的一人公司后，我和100多位公司老板聊过，他们最常提的需求是：

"我们真的需要你这样什么都会的全能伙伴！"

"怎样培养团队的流量思维和变现意识，是当下管理的难点！"

有趣的是，当老板们想要"全能员工"时，那些追求全能的5%职场人，多数是为了单干做准备。他们追求的并不是下个月涨多少薪水，而是未来能为自己工作。

这正是互联网时代"平台+个体"模式下的核心命题：如何既在大平台上存活，又为单干做好准备。

头部个人IP的年收入，可能比一家大公司的上千人团队还高。

这是互联网催生的"个人经济奇迹"，也是"大平台+小个体"模式的时代红利。它不仅属于那些站在聚光灯下的头部IP，更属于那些真正顺势而为的普通人。

通过这本书，你将全面且深入地掌握打造一人公司所必备的关键能力图谱，让你的商业价值最大化。

◆ 什么是"一人公司"

一人公司是AI轻创业时代的新型模式，由独立个体创立并运营的轻量化商业实体，通过最小化资源投入实现价值交付。

它的创业理念简单直接：**低投入、小规模、高利润**。如果一个商业模式无法在低投入的情况下快速盈利，那么就快速切换到下一个。这正是个人经济时代的生存法则：**与其做大做全，不如专精、专快**。

或许你会好奇，一人公司与自由职业者的区别在哪呢？

自由职业者出售时间，一人公司售卖价值。两者的本质差异在于是否完成了系统化商业构建。

一人公司以企业思维贯通价值定位、产品架构到品牌溢价的全链条，通过系统化运营形成可规模化的最小商业单元，本质是从"人力资本"到"商业资本"的认知升级。

将自己视为一家创业公司来经营，不仅是一个先进的商业模式，更是一种掌控自我命运的生活方式。

当你以CEO视角重构职业发展，用AI打造战略部、研发部、运营部、营销部、人力部等部门，你会发现自己不仅在完成工作，还在和AI员工的交互中催生自我进化，进而实现指数级成长。

公司部门	功能定位	关键职能
战略部	商业雷达	捕捉行业趋势，精准定位市场机会，制定清晰的发展路线图
研发部	产品引擎	将痛点转化为可交付的解决方案，不断迭代来保持市场竞争力
运营部	效率中枢	建立自动化流程，优化资源配置，释放时间成本
营销部	用户连接器	建立线上/线下推广渠道，通过精准内容吸引付费用户
人力部	终身成长系统	持续学习新知识、新技能，构建资源联盟

◆ **不是你为财富服务，而是财富为你的价值服务**

2024年11月，互联网大厂产品经理小林手握3项专业认证，毅然辞去年薪百万的工作，志得意满地投身创业浪潮。然而，现实的冷水来得比预期更快——半年过去，他接到的生意寥寥无几。

小林的遭遇并非个例，这背后折射出的正是当下职场人普遍深陷的"能力陷阱"——他们将多年积累的经验视为可直接变现的资产，却忽视了经验与商业价值之间的本质差异。

市场永远不会为你的能力买单，只会因你能用能力解决问题而付费。 将个人的专业能力转化为用户可感知的价值，是创业破局的第一步，也是最重要的一步。

一人公司创造价值的路径可以清晰地分为三步：产品化封装、品牌化溢价、生态化延伸。

1.产品化封装：从知识到产品的质变

AI轻创业时代，我们唯有将个人能力转化为市场认可的产品或服务，才能真正实现价值变现。要实现这一目标，关键在于完成从"技能输出"到"产品交付"的价值跃迁，具体可通过以下四个步骤达成。

（1）蓝海定位：运用蓝海定位画布，精准锁定"三高领域"，即高需求、高垂直、高价值的领域，借助"旧技能+新场景"的公式重塑竞争力。

（2）能力解构：拆解是创新的起点，按照MECE原则（相互独立、完全穷尽），将技能拆解为可迁移单元。比如，将品牌咨询拆解为诊断、方案、交付三个模块。

（3）产品封装：借助最小可行产品形态（如知识付费、订阅服务等），为专业披上一层市场的外衣，完成从0到1的规模化跃迁。

（4）价值呈现：与其展示所有优点，不如放大产品在市场中的核心优势，挖掘独特卖点，让客户一眼就能感知到价值所在。

2.品牌化溢价：个人IP的杠杆效应

打造个人品牌，专业是支点，AI是杠杆，裂变是结果。

我们可以通过以下三大策略，实现个人品牌价值跃迁。

（1）平台生态布局：在抖音、视频号、小红书这类视频平台，着力扩大品牌曝光度，让更多人知晓，拓宽认知广度。在公众号、知乎等文字平台,展现独特价值,建立起认知深度。在微信、知识星球、小鹅通等私域平台,将品牌价值转化为实际收益,达成商业变现。

(2)AI工作流构建:将复杂任务拆解为标准化节点的AI协作体系,无论是创意设计、文案撰写,还是数据分析报告的生成,都能借助AI工作流实现高效、高质量的产出,几乎零成本极大提升工作效能。

(3)裂变复利系统:利用老粉丝互动带来的流量裂变,以及成功案例的二次传播,获得持续增长。每一次成功服务,都能至少为你带来两个回报:客户满意度和新用户。

3.生态化延伸:从个人突围到联盟进化

生态的作用力,不是要素简单相加,而是通过各环节的深度耦合,产生指数级的增殖效果。所以AI轻创业时代的最终目标并不是单干,而是成为生态网络中连接价值的关键节点。

你可以通过以下四个步骤,构建一个商业联盟。

(1)图谱构建:深入研究行业生态,系统地梳理上下游的关键节点,找到那些有战略合作潜力的伙伴。

(2)价值交换:找出自己的独特优势,和合作伙伴进行资源互换。比如,用你的原创内容换对方的传播渠道,确保这种交换既公平又能长期持续。

(3)系统协同:制定一套覆盖项目全流程的标准化协作规则,明确每个伙伴的职责、利益和时间节点,尽量降低沟通成本。

(4)生态进化:利用数据看板实时跟踪和分析联盟的运作情况,建立成员的进入和退出机制,不断优化联盟的人员结构。

当你的产品具备标准化能力,品牌可以放大溢价效应,同时生态助力突破规模限制时,一人公司就会成为你的财富增长引擎。

看到这，你是否已经心动，想了解AI轻创业的具体方法？

为了解答你的疑惑，我精心整理出了一份实用资料包，获取方式非常简单，**你只需添加我为好友，发送关键词"AI创业"**，这份极具价值的资料便会为你呈上。

我着重强调的是，当AI开始对各行各业产生颠覆性的影响时，唯一能够超越其变革速度的，就是我们自身对价值的重新定义与塑造。

接下来，我将与你一同深入拆解商业定位、流量获取、内容创作、私域运营、批量成交、风险管理，以及联盟构建等关键能力的底层逻辑和成事方法论，希望这本《AI轻创业：从零开始学做一人公司》，能真正成为你开启成功大门的钥匙。

CONTENTS 目录

▶ **第一章**
从 0 到 1 开公司，产品力驱动的 AI 轻创业方法论

1.1 商业模式定位：找到你的价值坐标　　　　　　　　　　　　002
1.2 六大 AI 轻创业商业模式的深度拆解　　　　　　　　　　　　004
1.3 极简产品设计法：四步将能力转化为商业价值　　　　　　　　012
1.4 引流品、利润品、标杆品，构建你的商业"护城河"　　　　　020

▶ **第二章**
用 AI 开一人公司，解锁专属 AI 智囊团

2.1 探秘 AI：高效交互，重构三步搞定，AI 专属工作流搭建全攻略体验　　028
2.2 让 DeepSeek 入职，成为你的第一个"数智员工"　　　　　　035
2.3 如何用 DeepSeek 为办公能力"开挂"　　　　　　　　　　　040
2.4 没时间创作？快用 AI 实现"一鱼多吃"魔法　　　　　　　　044
2.5 深挖 DeepSeek 隐藏功能，让你的人生效率翻倍　　　　　　　050

第三章
AI 时代 IP 破局：零基础打造百万级影响力

- 3.1 人格化三维系统：IP 商业的底层算法　　062
- 3.2 账号冷启动四件套：头像、命名、简介和背景　　069
- 3.3 爆款内容公式：情绪价值 × 信息密度 × 信任增量　　073
- 3.4 掌握爆款选题罗盘，AI 助你赢下流量战争　　077
- 3.5 商业文案写作：从目标到情感的写作系统　　082
- 3.6 三幕写作法：爆款内容的戏剧化方程式　　087
- 3.7 30 秒解锁流量密码，AI 爆款标题创作速成法　　093

第四章
短视频引流：零基础缔造爆款实战指南

- 4.1 解读短视频四大内容形式　　098
- 4.2 七大主流视频类型剖析　　107
- 4.3 AI 强势助力短视频，一天爆产 100 条精品文案　　116
- 4.4 短视频拍摄：3 天极速上手指南　　122
- 4.5 短视频剪辑：从"零"到"有"快入门　　127
- 4.6 DeepSeek+ 剪映 + 即梦生成视频步骤详解　　131
- 4.7 短视频发布流程示范　　133
- 4.8 短视频 8 大关键指标及提升策略　　136

第五章
拆解直播人货场，探寻成交暴增的秘诀

- 5.1 人：直播带货 5 大能力解析与培养　　142
- 5.2 货：数据驱动与供应链协同，打造高转化货盘　　150
- 5.3 场：顶级主播都在用的吸金直播场景搭建术　　155

第六章
消除流量焦虑，私域能力打造创富新引擎

6.1 重新认识私域：从流量思维到用户资产　　164
6.2 私域引流不是简单加入，而是为用户提供价值　　171
6.3 社群运营全攻略：手把手教你搭建第一个社群　　176
6.4 朋友圈高赞密码：3 分钟写出吸睛爆款文案　　182
6.5 微信裂变：私域增长新范式解析　　188
6.6 巧用私域 × 付费会员制，让用户价值直线攀升　　193

第七章
单枪匹马闯江湖，AI 成交能力暴增宝典

7.1 洞悉用户购买心理，解锁高效成交密码　　198
7.2 FABE 四维模型：构建成交说服力的实用指南　　202
7.3 个人故事成交法：用导演思维涨粉变现　　208
7.4 私域发售成交：小投入撬动大收益　　213
7.5 打造分销成交体系，解锁躺赚密码　　218
7.6 案例成交思维，激活业务增长飞轮　　222

第八章
解读风险管理能力，安全为何比速度更重要

8.1 公司注册风险　　228
8.2 AI 工具风险　　230
8.3 现金流风险　　232
8.4 税务风险　　234
8.5 合同风险　　237
8.6 合规性风险　　239

▶ 第九章
以联盟之力,从个体突破跃升生态共赢

9.1 图谱构建:从学习到筛选,打造高效联盟	243
9.2 价值交换:发挥优势,互利共赢	246
9.3 系统协同:三大核心策略提升联盟竞争力	249
9.4 生态进化:打造高效稳定的合作伙伴联盟	251

▶ 结 语
从1到∞,AI轻创业的复利方程式   254

第一章

从 0 到 1 开公司，产品力驱动的 AI 轻创业方法论

1.1 商业模式定位：找到你的价值坐标

很多朋友刚开始轻创业或者做副业时，常常会陷入迷茫与困惑，被一堆棘手的问题困扰：

"面对市场，该选热门竞争领域还是小众潜力市场？"

"想靠自媒体拓展业务，适合做知识科普、生活分享还是娱乐搞笑类账号？"

"有了初步想法后，该先调研还是直接组团队？先定商业计划还是边做边摸索？"

说到底，有这些问题的根本原因在于创业者对自己的商业模式不够清晰。

商业模式不是万能公式，却是创业路上的指南针。没有清晰的商业模式，创业者注定会像无舵之船，只会随波逐流。

简单来说，商业模式就是要清楚回答一个关键问题：**怎么赚钱？**

我们创立一人公司，最直接的目标就是实现盈利，用更快、更有效的方式把自己的价值转化成财富。

如果在创业过程中，没有明确的商业模式作为指引，所有的行动都会失去方向，所有挥洒的汗水与付出的努力，都可能白白耗费。

这里要特别提醒你，千万别觉得跟人谈赚钱不好意思，甚至觉得可耻。**商业思维不是功利心，而是社会生存的基本能力。**学习并提升商业思维，是每个踏入社会的人都必须掌握的关键技能。

第一次创业的朋友常常会掉进"原创陷阱"，他们一门心思想打造一款从来没出现过的产品，却完全忽略了商业思维。

创业从不是发明家的游戏，而是解决问题的艺术。

当你对创业这件事还不太了解时，最快捷的方法就是模仿市场上已经成功的模式，然后在实践中不断优化和调整。这比只靠你的个人喜好，自娱自乐式地搞原创要更容易成功。

AI轻创业时代，一人公司已演化出三大核心商业模式。

1.价值创造者

产品是一切的起点，也是价值的原点。价值创造者通过创意、研发或生产能力，打造具有独特性的产品，直接面向市场销售。无论是实体商品、软件服务还是在线课程，核心在于"你的产品能否解决用户的痛点"。

2.渠道赋能者

渠道赋能者利用自己的客户资源、渠道优势或营销能力，帮助其他品牌推广产品，从中赚取分成或佣金。这种模式的关键在于"你能为别人创造多少价值，就能为自己赢得多少回报"。

3.生态整合者

生态整合者既卖自己的产品，又服务其他创业者，通过搭建平台或提供支持，帮助合作伙伴成功，同时实现自己的收益增长。这种模式的核心在于"生态网络越庞大，你的价值就越高"。

接下来，我会介绍其中比较有代表性的6种商业模型，帮你选择或组合，实现创业梦想。

1.2 六大AI轻创业商业模式的深度拆解

◆ 模式一：广告变现

KOL（关键意见领袖）通过自己的影响力和粉丝的信任，把内容创作和商业广告结合起来，凭借广告植入、软性种草、直播带货等形式，把粉丝的注意力变成品牌的销量或曝光量。

1.适合人群

垂直领域的头部博主、强人设IP创作者、粉丝量适中但互动率高的账号。

2.操作要点

精准匹配品牌：选择和自己内容调性、粉丝需求契合的品牌（比如母婴博主合作儿童用品）。

内容软性植入：把广告融入教程、测评、故事等原生内容，降低用户的抵触感（比如"好物分享"栏目）。

分层报价策略：比如基础图文广告（3000元/条）、定制视频（1万元起）、直播带货（佣金+坑位费）。

3.结算方式

固定费用：广告主和KOL协商一个固定价格，不管效果如何都按这个价格支付。

CPM（按展示付费）：广告每展示1000次，广告主向KOL支付费用，关注的是曝光量。

CPA（按行为付费）：用户完成注册、下载等特定行为后，广告主才付费，注重用户转化。

CPS（按销售额付费）：按实际销售的产品数量或金额计算KOL的佣金，和销售业绩挂钩。

4.进阶指南

避免过度商业化：广告占比不要超过整体内容的20%（种草分享账号除外），保障粉丝体验。

严格选品把关：拒绝低质量或与粉丝需求不符的产品，维护信任资产。

规避政策风险：注明广告合作标签（比如"广告""赞助"），避免违规处罚。

拒绝"一锤子买卖"：优先与复投意愿强的品牌建立长期合作，稳定变现渠道。

◆ 模式二：知识付费

行业专家把长期积累的专业知识整理成在线课程等标准化数字产品，实现"一次生产，无限销售"，突破时间和时空限制，持续获取经济回报。

1.适合人群

资深领域专家、独特技能达人、行业老兵。

2.操作要点

选准切口，挖掘细分需求。比如，"手机摄影入门课"瞄准摄影小白，"语文绘本课"面向3—12岁儿童。

产品分层：9.9元引流款吸引潜在用户，499元利润款传授核心知识，1999元溢价款提供增值服务。

交付自动化：借助抖音课堂、小鹅通等平台，实现课程托管、用户管理和自动发货，提升交付效率与体验。

3.成功案例

某00后修图师的"零基础手机修图课"，把美图秀秀修图技巧做成3小时的视频课，定价99元，利用直播自然流，首月售出8000多份并持续产生被动收入。

4.避坑方面

避免追求课程时长，要注重实用和针对性。

设置试看章节，降低用户决策风险，提高转化率。

课程重点在于让用户有"获得感"，可通过实践作业等环节，让用户切实感受到能力提升，而不是单纯堆砌理论知识。

◆ 模式三：顾问咨询

通过一对一高净值服务将你的时间价值最大化，亦可采用"弹性交付+年度深度绑定"模式，满足客户深度咨询与长期战略需求，实现从单次服务到生态赋能的升级。

1.适用人群

资深专家、高净值顾问、稀缺技能者。

2.变现模式

基础层：每月2小时咨询+季度复盘。

战略层：定制方案+资源对接（如跨境电商联动税务/法律专家）。

私董层：专属智库支持（如《商业咨询手册》+AI预诊系统）。

3.成功案例

个人平面设计师在三线城市组建团队，线上接一线城市项目，以低成本获高利润。

某香港律师推出"24小时合规急救"，利用时差覆盖欧美需求，单次咨询3000美元，续约率85%。

数字化转型专家为中东集团提供年度服务（线下工作坊+数据复盘），创收150万美元+23%业绩增长。

4.风险管控

时区陷阱：设定服务窗口（如GMT+8时区，每日8—22点），超时额外收费。

文化冲突：欧美重合同条款，亚洲重关系维护，中东规避宗教议题。

数据合规：在收集、分析运作数据时，请严格遵守当地数据隐私法规。

◆ 模式四：短视频直播服务

短视频直播专家提供从账号定位、产品打造到流量投放的全链条服务，填补中小商家专业团队缺失的空白，成为平台、商家、服务商三角生态的关键枢纽。

1.适合人群

资深短视频直播运营操盘手、专业品牌营销人、成功打造个人品牌的行业专家。

2.变现模式

代运营服务费：商家付费委托操盘手团队全方位运营账号。

CPS效果分成：按账号运营产生的实际销售业绩与商家分成。

企业内训收费：为企业提供内部培训，培养短视频运营人才。

账号孵化股权合作：以运营服务换账号股权，获取分成收益。

3.操作要点

账号定位与内容分层：针对行业特点定位账号，细分引流、干货、变现内容，打造"身份+价值+情绪标签"人设。

工业化内容生产：搭建选题库，制定脚本模板和拍摄SOP（标准作业程序），批量生产素材并适配分发，可借助AI工具提效和优化。

流量运营与变现闭环：合理用付费流量撬动自然流量，提升项目收入，引导公域到私域导流，构建多元化的盈利模式。

4.避坑指南

坚持诚信：介绍能力与服务要实事求是，杜绝过度承诺，避免引发信任危机。

重视创新：坚决抵制内容抄袭，打破同质化困境，以独特内容提升竞争力。

聚焦转化：紧盯销售额、转化率等指标，为合作方创造实际商业价值。

规范流程：合作前签订详尽合同，明确双方权利义务，保障合作权益。

◆ 模式五：电商带货

主播凭借自身影响力与粉丝基础，在直播中展示商品、介绍产品、分享使用方法及优惠信息，激发观众购买欲，实现商品销售。

1. 适合人群

沟通表达能力强，销售经验丰富，形象气质佳、亲和力强，应变能力强的人士。

2. 变现模式

自有品牌直播：全程把控产品从设计到运输环节，打造具备竞争力的自有品牌。例如，美妆博主自创个人品牌进行直播销售。

大IP与品牌联名：大IP与相契合的品牌携手合作，定制专属产品，就像游戏主播和电竞设备品牌联合推出定制耳机。

小IP精选联盟分销：小IP根据粉丝群体和直播风格筛选高毛利、高复购、高展示性商品。比如，生活类小主播选家居清洁用品直播带货，传统文化类IP批量做号销售图书等。

3. 分成模式

保底费用+销售分成：主播收取保底费用加销售分成，分成比例通常为15%—30%。

纯销售分成：主播仅拿销售分成，靠带货能力获得丰厚收入。

4. 提升收入关键

选品策略：严格遵循"三高"原则，即挑选高颜值、高性价比、高实用性的商品，满足消费者对美观、价格与功能的多元需求。

直播技巧：采用场景化表达手法，增强直播的互动性与吸引力，让观众更易产生代入感，提升直播效果。

粉丝运营：用心维护粉丝关系，通过优质服务与良好体验，促使粉丝进行口碑传播，吸引新客户加入。

5. 避坑指南

严控产品质量：务必对产品质量进行严格把控，从源头到终端全流程监管，确保产品符合高品质标准，避免因产品质量问题引发投诉与退货。

杜绝虚假宣传：坚决杜绝夸大产品功效等虚假宣传行为，严格依据产品实际情况进行推广，避免因不实宣传导致消费者信任危机。

规避合作风险：在开展合作前，签订详尽合作协议，清晰明确双方权利义务，涵盖产品标准、服务要求、违约责任等关键内容。

设计流量入口，防范签约风险：与机构签约时需保持警惕，仔细甄别数据真实性，防止遭遇数据造假；严格核查产品一致性，避免"AB货"（样品与发货产品不符）情况。

◆ 模式六：实体/服务引流

整合线上流量（如直播、短视频、团购等）与线下场景（如门店体验等），结合福利秒杀等优惠活动，将目标用户引流至实体店或服务场所，实现"线上种草—线下拔草"的闭环，并根据引流效果或消费金额进行分成盈利。

1.适合人群

本地生活类博主、社区服务专家、具备线上运营意识的实体店主。

2.操作要点

流量入口设计：直播/短视频沉浸式展示、设限时福利、加本地化标签；社群靠老客带新、会员专属活动裂变；异业合作开展商圈联盟、社区福利活动。

转化路径优化：设低门槛体验，如低价试吃、免费检测；用带参数二维码和小程序统计核销率、转化率等数据，优化策略。

选择盈利模式：CPS分成、固定广告费和会员体系绑定分成。

3. 成功案例

健身教练通过短视频和直播引流，推出9.9元周卡等，吸引超200人到店，年卡抽成超3万元。

母婴博主与亲子乐园合作，活动视频引流150组家庭，商品销售额增40%。

4. 避坑指南

确保服务达标：务必保障实际服务质量与宣传内容高度一致，避免因服务落差引发客户不满和投诉。

强化数据追踪：借助数字化工具，紧密结合消费数据开展数据追踪，为运营决策提供有力支撑。

拓展引流渠道：积极开拓多渠道引流模式，避免过度依赖单一渠道，降低因渠道波动而带来的业务风险。

明确合作事宜：选择资质正规的合作方，并明确活动规则，从源头规避合作纠纷。

5. 模式升级方向

深耕私域用户沉淀：致力于私域流量运营，据此推出个性化服务，提升用户黏性与忠诚度。

完善O2O（线上到线下）会员体系：实现线上积分与线下服务的互通，以积分兑换等形式激励用户消费。

打造沉浸式引流场景：通过联合品牌快闪活动、举办主题展览等方式，高效引流获客。

1.3 极简产品设计法：四步将能力转化为商业价值

在当今竞争异常激烈的创业环境中，能否将个人能力高效且精准地转化为标准化产品，已然成为决定创业成败的关键所在。

接下来，我们将逐步深入探讨极简产品设计法的四大核心步骤，以助您在AI创业起跑线上抢占先机。

◆ **蓝海定位：用新场景激活旧能力**

创业不是拼体力，而是拼眼光，找到蓝海，才能避开红海的厮杀。

这里分享一个实用的创新定位公式：旧技能+新场景=蓝海机会。通过将已有的技术或能力迁移至全新的使用场景，往往能够开辟出差异化市场，从而避开竞争激烈的红海市场。以共享单车为例，它将传统的自行车租赁模式与移动互联网技术巧妙结合，成功解决了城市短途出行的痛点，创造了一个全新的市场。

确定目标市场时，我们需深入洞察不同人群的差异化需求。以大学生为例，面对就业竞争和职场变化，他们对职业规划和转行指导需求迫切。因此，许多职场KOL推出的"个性化职业测评+一对一咨询"服务和"名企实习内推+项目实战训练"产品，一经上线便迅速热销。

精准定位的本质，不是满足所有人的需求，而是满足特定人群最迫切的需求。

那么，如何才能成功寻觅到蓝海机会呢？

在此，为你推荐"蓝海定位画布"。在数字经济时代，许多人会陷入"有技能就必然有需求"的思维陷阱，而"蓝海定位画布"能够助力我们突破这一局限。它引导我们不再片面地看待自身技能，而是促使我们深入探寻用户在特定场景下的真实痛点。

你的技能是方案，用户的痛点是方向。只有两者对齐，才能找到真正的蓝海。

实战工具一：蓝海定位画布

核心技能	目标人群	传统需求	隐藏痛点	跨界方案
编程教育	中小学生	编程技能培训	培养逻辑思维和创造力	游戏化编程课程
心理咨询	全职妈妈	情绪疏导	寻找自我价值和社会认同	妈妈成长社群+职业规划指导
宠物美容	都市白领	宠物清洁护理	解决工作日宠物陪伴问题	宠物日托+美容一站式服务
写作培训	企业高管	商务写作技巧	提升个人品牌影响力	高管个人IP打造与内容输出指导
形象设计	求职者	面试形象打造	提升职场竞争力	职业形象定位与转型指导
旅游规划	深度游爱好者	行程安排	追求独特文化体验	主题式深度文化体验游
家庭教育	隔代抚养家庭	育儿指导	缓解代际教育观念冲突	祖孙共育课程

为了帮助你更好地规划个人创业战略，以下是一张"蓝海行动卡"，请根据自身情况填写。

实战工具二：蓝海行动卡

我的核心技能：_____（例如：健身教学、设计、编程、写作等）

我最想服务的人群：_____（例如：职场妈妈、程序员、退休老人、高敏宝宝家庭等）

他们的隐藏痛点：_____（例如：职场妈妈的"时间焦虑"、程序员的"颈椎病焦虑"、退休老人的"孤独感"等）

我的跨界解决方案：_____（例如：为职场妈妈设计"碎片化时间管理工具"、为程序员提供"办公室康复训练"、为退休老人打造"人生回忆录影像服务"等）

蓝海定位并非一蹴而就，很多陷阱往往隐藏在看似"诱人"的市场机会背后，稍有不慎，便可能导致资源浪费甚至创业失败。

以下是三种常见的蓝海定位陷阱，它们分别揭示了市场需求、用户痛点和竞争壁垒的关键问题。

陷阱一：需求太窄，养不活生意

部分市场需求看似独特，但实际上用户规模过小，难以支撑可持续的商业模式。为了验证这类市场的可行性，可以采用MVP（最小可行性产品）测试方法：在投入大量资源之前，先开发一个最简可用产品，并通过社群或特定渠道聚集目标用户，观察他们的活跃度与付费意愿。如果连核心用户都不愿为之付费，则说明该市场可能缺乏足够的商业价值。

陷阱二：假痛点，光说不买

有些需求看似是痛点，但产品推出后用户却不愿付费，这往往是因为误将用户的表面需求当作真正的痛点。判断一个痛点是否真实,可以通过一个关键问题来检验:"如果不解决这个问题,用户会面临什么实质性的损失?"如果用户认为问题无关紧要,那么这很可能是一个假痛点;而真正的痛点,用户会愿意为之付费。例如,"智能提醒喝水"App虽然被用户认为有用,但付费订阅者却寥寥无几,原因在于不定时喝水并不会对用户造成严重的后果。

陷阱三:门槛低,模式易被复制

部分蓝海市场看似机会众多,但进入门槛低,创新模式容易被复制,迅速沦为红海。例如,一些新兴的在线教育平台通过创新的课程设计或教学模式吸引了大量用户,但由于缺乏保护措施,其模式很快被竞争对手模仿。为了避免陷入同质化竞争,创业者需要打造"护城河"。例如,绑定独家资源、与行业专家或KOL合作,或者通过塑造独特的品牌形象并持续推广来建立壁垒。

◆ 能力解构:找到与市场需求的共振点

在明确市场定位后,我们需要系统性地梳理和重组自身的能力与资源,这是将创业想法转化为可执行商业模式的关键步骤。

首先,我们需要构建一个"能力框架—核心能力—市场需求"矩阵,我们可以像绘制技能地图一样,全面盘点自身的能力储备。此外,当我们开始梳理自身能力时,需要精准地分析每项能力与市场需求之间的匹配程度,筛选出最具商业价值的核心能力,使能力评估变得具体且可操作。

在梳理能力时,我们可以运用MECE原则,将个人能力体系分解为逻辑清晰、互不重叠的模块。分解后的能力体系将呈现出逻辑清晰、互不重叠的模块状态，帮助我们更直观地看到能力的分布与市场的契合点。最后为了更好地展示和分析这些模块，我们还需要将其制作成可量化评估的表格。

以跨境电商顾问为例，通过系统梳理，其能力地图显示在市场分析、供应链管理、网络营销、跨境法律法规等关键领域均具备扎实能力。

能力框架	核心能力	市场需求
市场分析	区域市场洞察	准确把握各区域消费者的消费偏好、市场趋势
市场分析	市场数据分析	能够获取权威、全面的市场数据
运营策略	电商平台选型	明确各平台的优势、劣势，以及与自身业务的匹配度
运营策略	店铺运营优化	提升店铺视觉设计水平，优化投放成本、转化率等指标
供应链管理	供应商评估	从产品质量、供货稳定性、成本控制等多维度考察供应商
供应链管理	物流规划	根据货物特性、运输距离、时效要求等因素，选择最合适的物流方案
供应链管理	库存管理	借助数据分析工具，实现精准预测和控制，降低库存成本
数据分析	销售数据分析	挖掘出销售趋势、产品欢迎程度等关键信息，指导策略调整
数据分析	用户行为分析	通过分析用户行为，找出影响用户购买决策的因素

能力地图不仅是能力的展示，更是市场机会的探测器，帮助我们敏锐地捕捉到市场中潜在的商机。

◆ 产品封装：激活需求，奠定商业模式基础

在我们明确了自身的核心能力之后，就需要依据市场需求以及目标客

户的特点，挑选一个适宜的产品形式，同时设计出能够让用户一眼知晓其价值的功能。在这一过程中，我们必须透彻地理解用户的真正需求，换位思考他们会在何种场景下使用产品，以满足客户需求为目标，将我们的核心能力转化为具体的产品。唯有这样，才能够既满足市场的需求，又能真正为用户解决问题。下面列举几个常见的产品形式及其适用场景。

1. 在线课程

适合输出知识型能力。比如，你是编程高手，可以做个编程课，再建个互动社区，让大家边学边问，提升学习效果，满足用户系统学习的需求。

2. 工具包

适合传播技能型能力。比如，设计师可以把常用的设计模板、插件打包成工具包，让用户拿来就能用，省时省力，降低学习门槛。

3. 订阅服务

适合能持续输出的能力。比如，数据分析团队可以按月或按年给企业提供数据分析报告，帮客户持续优化业务，建立长期合作。

4. 咨询服务

适合高价值、个性化的能力输出。比如，你是品牌专家，可以给企业做一对一的品牌定位咨询，根据客户的具体情况量身定制解决方案，把价值最大化。

精准的产品形式选择，能够促进我们将核心能力与市场需求实现深度对接。这不仅有助于高效激活用户需求，也能为我们打造可持续的商业模式奠定基础。

◆ 价值呈现：让产品价值直击用户痛点

在激烈的市场竞争中，清晰的价值呈现是制胜关键。这直接关系到我们能否向客户精准传达产品核心价值，有力激发他们的购买欲，最终决定销售业绩。

1.价值可视化：让客户看到实实在在的效果

价值呈现不是自说自话，而是让用户"秒懂"你的产品解决了什么问题。价值"可视化"是个特别管用的策略，尤其是通过展示成功案例和数据对比，能让客户直观感受到产品的价值。

例如，一位专注于职场规划的博主，推出"职场规划蓝图"课程，博主开发了"职场技能提升标准化指南"工具包，涵盖简历制作、面试技巧、职场沟通、项目管理等内容，同时课程展示过往学员通过面试并获得心仪offer的案例，让广大学生受众和职场新人一看就产生强烈的需求。另外，博主还推出"职场竞争力提升"订阅服务，定期为客户进行职场竞争力评估，并根据评估结果提供个性化指导方案，通过讲解客户接受服务前后的职位晋升、薪资增长等对比数据，客户能够清晰直观地看到服务所带来的显著成效，快速理解产品的价值所在。

2.价位设定：找到盈利与畅销的平衡点

好的定价策略，是既能让你赚钱，也能让用户觉得"捡到宝"。

高端定制服务，类似资深专家提供的专属咨询，可通过较高定价突出其独特价值，同时参考行业标杆水平，提供一系列增值服务，满足高端客户的身份差异化需求。

面向大众的基础产品，应注重性价比，以亲民价格吸引更广泛的消费者群体，快速占领市场份额。

此外，定价还需综合考虑成本结构和市场竞争，找到盈利与销量的最佳平衡点，确保产品在市场中的竞争力与可持续发展能力。

如果想在市场中成功立足，需严格遵循顺序，先把产品的价值清晰地展示给客户，让他们从心底认可这份价值，接着再拿出有竞争力的价格去打动他们，如此方能在激烈的市场竞争中站稳脚跟，赢得属于你自己的一片天地。

1.4 引流品、利润品、标杆品,构建你的商业"护城河"

对于一人公司来说,精力和资源通常都很有限,所以能否搭建一个高效的产品体系,直接决定了创业能否成功。要想实现可持续增长,关键是要搞清楚**引流品、利润品和标杆品**(超高客单产品)的设计和它们之间的配合逻辑。

◆ 引流品:用"钩子"打开流量入口

引流品的逻辑是"先让用户尝到甜头,再让他们愿意掏钱"。它不是单纯靠低价或免费,而是通过提供高价值、低门槛的产品,快速取得用户信任,为后续的利润品销售铺平道路。

举几个成功的引流品案例。

瑞幸咖啡推出的"9.9元咖啡"、库迪咖啡推出的"8.8元咖啡",均以亲民的价格吸引顾客消费,进而培养顾客的长期消费习惯。

在线教育平台借助"1元试听课程"筛选出高意向用户,并成功将其转化为年度会员。

某国货护肤品牌通过"免费肤质测试工具"收集用户数据,从而精准推荐定制护肤套装,使转化率提升了30%。

设计引流品时,要抓住3个关键点。

1. 成本低但价值感高

比如,健身工作室推出"19.9元周卡",包含3节私教课,让用户觉得超值,降低他们升级年卡的决策门槛。

2. 与利润品紧密关联

比如,儿童绘本馆推出"9.9元绘本借阅体验包",通过分析用户的借阅记录,了解他们的偏好,再精准推荐长期会员服务。

3. 采用限时限量策略

在营销时设置"每日限量50份"或"仅限新用户"等规则,制造紧迫感,激发用户的购买欲望。

这里要提醒大家,设计引流品时,千万别一门心思只盯着"引流量大",更要在整体盈利这个大目标上好好琢磨。比如,某火锅店曾推出"1元抢购特色锅底"活动,虽然吸引了大量客流,但很多客人只点低价锅底,导致利润被压缩。后来他们调整为"消费满200元,1元购特色锅底",顾客为了达到满减条件,会点更多菜品和饮料。这样一来,引流品不仅吸引了客流,还确保了整体的盈利,实现了双赢。

◆ 利润品:用"引擎"驱动价值变现

利润品是我们收入的核心支柱,通常具有标准化程度高、可复制性强,以及消费频次高的显著特点,在公司营收中往往贡献70%以上的份额。

在一人公司的早期阶段,如果只做一款产品,那么该产品必定为利润品。然而,要打造一款成功的利润品并非易事,需要从用户需求、交付效率，以及定价策略等三个维度进行精心设计。

1.精准解决用户核心痛点

利润品必须直击用户最迫切的需求，提供即时、有效的解决方案。例如，升学报考机构推出的"志愿填报指导服务"之所以受欢迎，是因为它在考生和家长面临升学决策的关键时刻，提供了针对性强、实用性高的帮助。相比之下，"学业规划课程"虽然也有价值，但无法像志愿填报服务那样能解决燃眉之急，因此转化率和用户付费意愿相对较低。

2.搭建模块化交付体系

模块化设计是提升利润品交付效率和可复制性的关键。以"职场沟通力"课程为例，其产品结构包括15节标准化录播课、每月1次专家直播答疑和AI智能测评系统。这种设计不仅保证了课程质量，还大幅降低了人力成本，同时满足了用户灵活学习的需求。模块化体系使产品易于规模化复制，为利润增长奠定基础。

3.合理分层定价，巧用增值服务

分层定价策略能够最大化覆盖不同消费能力的用户群体。例如，某摄影工作室推出三档套餐：999元的基础写真套餐满足普通用户需求，9999元的豪华旅拍套餐瞄准中高端市场，29999元的家庭成长记录套餐则针对高净值客户。通过搭配不同增值服务（如精修照片数量、拍摄场地选择等），既提升了用户满意度，又实现了利润最大化。

在打造利润品时，创业者需警惕"高毛利陷阱"。例如，某手作设计师曾推出单价1000元的定制项链，毛利率看似可观，但每单平均5小时的沟通成本严重拖累了运营效率。最终，他不得不放弃这一产品线。

成功的利润品需要在毛利率、交付效率和规模化能力之间找到最佳平衡点。只有精准解决用户痛点、构建高效的交付体系，并设计合理的定价策略，才能持续创造高营收，助力我们在激烈的市场竞争中脱颖而出。

◆ 标杆品：用"灯塔"完成心智占位

标杆品（超高客单产品）的运营思路与普通产品截然不同，其核心目标并非追求销量，而是通过塑造高价值形象，提升用户对品牌利润品的认可度，从而间接推动利润品的销售转化。标杆品的存在，本质上是一种"品牌势能放大器"，通过极致体验和稀缺性，为利润品创造更高的溢价空间。

比如，华为的"三折叠"手机，独特的折叠屏设计加上顶尖科技配置，满满的高科技与创新感。它销量占比不高，却让大家深刻感受到华为手机的高端品质和技术领先，于是大家更愿意去买华为的走量机型。还有企业管理咨询公司推出年费20万元的"企业家私董会服务"，靠着大型企业创始人和商业KOL的背书，吸引中小企业购买2万元的年度顾问服务。某茶叶品牌的"大师手作限定款"标价万元一罐，还标注"非卖品"，消费者一对比，就觉得他家利润品性价比超高，购买意愿更强。

标杆品不仅是品牌的象征，还能成为直接创造利润的超高客单产品。以某知名品牌咨询公司为例，其品牌全案服务起步价数百万元，不仅直接贡献营收，还通过标杆案例的传播为引流品反哺流量，帮助品牌建立起强大的竞争壁垒。

想打造有效的标杆品，有3个关键要点。

1. 极致差异化体验

标杆品必须具备利润品难以复制的稀缺特质。例如，某户外品牌推出使用航天级材料制作的限量版帐篷，从材质到限量属性都独一无二，这种极致差异化的体验，能够显著提升品牌的科技感和高端形象。

2. 故事化包装

通过赋予产品精神价值，标杆品可以超越功能，成为品牌的文化符号。例如，某手工皮具工作室推出的高端钱包，附带一本全球街头文化故事集，将产品与艺术、文化深度绑定，提升了产品的内涵和溢价能力。

3. 选择性展示

通过"隐藏菜单""VIP专属"等方式营造神秘感，能够激发消费者的好奇心。例如，某高端餐厅推出需提前3个月预约的主厨定制宴，仅对VIP客户开放。这种选择性展示不仅提升了产品的尊贵感，还可以在抖音、小红书等社交平台引发话题传播，吸引更多潜在客户关注到品牌。

通过这张表格，让你更好理解引流品、利润品和标杆品。

	引流品	利润品	标杆品
核心作用	吸引流量、筛选精准用户、完成冷启动	承担主要营收，实现商业变现	塑造品牌势能，提升利润品价值感知
目标用户	广泛用户，尤其是新用户和潜在客户	精准用户，尤其是中高付费意愿客户	高净值用户或品牌合作方
产品特点	低成本、高感知价值、低门槛	标准化、可复制、高频次消费	高客单价、稀缺性、差异化体验
典型案例	1元试听课程 9.9元咖啡 免费肤质测试工具	SaaS（软件即服务）基础版订阅 线下工作坊 年度陪跑私董会	华为"三折叠" 某品牌全案服务 大师手作限定款茶叶
避坑指南	避免引流品喧宾夺主，需设置转化路径	避免盲目追求高毛利，需平衡规模与成本	必须具备利润品难以复制的稀缺特质

一人公司的产品金字塔不是单一产品的堆砌，而是用引流品吸引流量，用利润品实现盈利，用标杆品放大品牌。通过巧妙搭建产品金字塔结构，你将能够高效利用资源，让每一份投入都精准落到实处，构建属于自己的商业护城河。

◆ 从1元到百万GMV：拆解某头部知识IP的变现金字塔

某头部小红书商业导师的成功，源于她精心设计的"引流品—利润品—标杆品"三级产品矩阵，该体系不仅帮助她从单纯的流量吸引转向价值最大化，还实现了业务的持续增长。

1.引流品：1元引流，精准筛选用户

在她只是小红书的知识分享博主时，就设计了两款高效的引流品：1元体验课和运营指南。

1元体验课：针对小红书运营中的常见痛点（如"爆款标题公式"），采用录播课+社群答疑的形式，一个月内吸引了5000多人付费报名。

运营指南：通过发布纯干货内容吸引用户购买"小红书爆款笔记方法论"，并在资料中嵌入付费社群的二维码，实现了超过10%的转化率。

这两款引流品不仅低成本获取了大量精准用户，还为后续的深度变现奠定了基础。

2.利润品：中高客单产品，深挖用户价值

引流来的用户进入私域后，她通过分层产品实现深度变现。

499元"小红书涨粉实战课"：采用"10节录播课+每周直播答疑"的标准化交付模式，成本可控，还贡献了整体营收的45%。

4999元"爆款创作线下课"：针对有进阶需求的用户，提供选题、拍摄、投流等模块的深度教学，单场营收超过50万元。

这些中高客单产品不仅满足了不同用户的需求，还显著提升了收入和用户黏性。

3.标杆品：高客单定制服务，突破营收天花板

在积累行业经验2年后，她进一步推出了高客单定制服务，把自己升级为企业流量导师，瞄准企业级客户。

10万元起的企业品牌代运营套餐：提供账号诊断、内容策划等一站式服务。

6万元的博主孵化计划：为会员提供流量扶持、商务对接等资源，首期招募即满额。

这些高客单产品不仅突破了个人IP的营收天花板，还显著提升了她在行业内的专业地位和影响力。

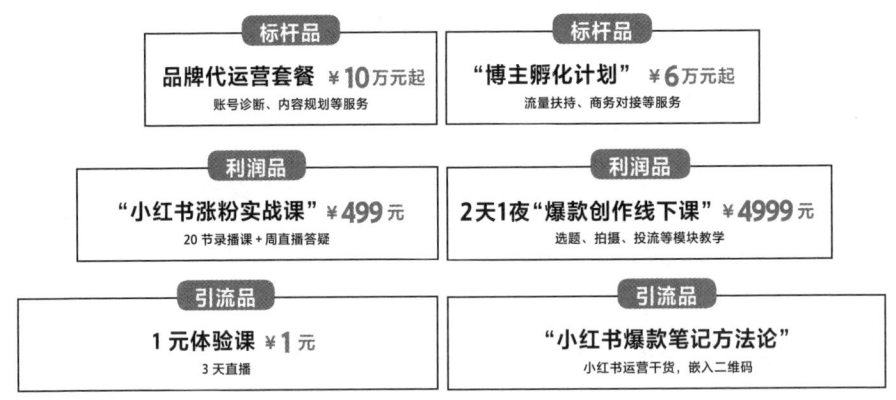

这位小红书商业导师通过"引流品—利润品—标杆品"的三级产品体系，成功实现了从流量吸引到价值放大的转变。

她的经验告诉我们：想要提高利润，必须根据市场动态和用户需求，灵活调整引流品、利润品和标杆品的组合策略，使三者形成协同效应，共同推动业务增长。

第二章

用 AI 开一人公司，解锁专属 AI 智囊团

2.1 探秘AI：高效交互，重构三步搞定，AI专属工作流搭建全攻略体验

我们选取当下全网爆火的DeepSeek作为典型案例，详细展示一人公司在业务开展过程中，如何运用AI实现高效运作的。

◆ 3分钟开启DeepSeek探索

只需三步，快速激活你的AI助手。

第一步：注册登录解锁知识城堡

1.访问官网入口

在浏览器地址栏输入chat.deepseek.com进入注册页面。或网页搜索"腾讯元宝"，选择DeepSeek深度思考模式。

2.完成身份绑定

用手机号或者邮箱注册，接着通过短信或者邮件收到的验证码激活账户，整个过程花不了2分钟。

第二步：掌控AI控制台核心功能

1.即时沟通窗口

你可以把它当成是和朋友聊天的地方，在对话框里输入问题，输完了按"Enter"键就能发送出去。你可以先试试，发个"你好"，看看它的反应速度怎么样。

在窗口下方，你会看见"深度思考（R1）"和"联网搜索"两个功能。

①深度思考（R1）

开启深度思考（R1）功能，等于给DeepSeek装上"超级大脑"。当你向它咨询问题时，它就会化身资深导师，快速梳理知识逻辑，不仅给出答案，还完整展示思考过程，进行多维度讨论和补充，使答案的准确性和专业性远超其他大语言模型。

如果不开启深度思考模式，默认的是DeepSeek V3版本，可以高效处理简单快捷的问题。

②联网搜索

开启DeepSeek强大的联网搜索功能，无论是热点资讯、前沿学术案例，还是权威研究成果，都能精准获取。比如在教育场景中，你想了解最新课程标准解读，或找前沿的教学案例，它都能迅速从互联网上的海量信息里筛选并整理出符合你需求的内容。

2.历史记录栏

点击"打开边栏",你会看见你和DeepSeek所有的对话,历史记录栏都会自动保存下来,就像是管理你智能档案的小管家。

你要是想以后找起来方便,就右键把它重命名成"短视频文案润色"这类标签,这样就能精准回溯,想找什么对话一下子就能找到了。

第三步:RTEC提示词模型实战

和DeepSeek互动的起点,是学会如何提出有效的指令。一个清晰、具体的指令,能够帮助DeepSeek更好地理解你的需求,并生成高质量的内容。

RTEC提示词模型有助于DeepSeek更精准地理解你的需求,生成符合你要求的内容。

比如我想以"新手赏花摄影技巧"为主题,创作一篇小红书笔记。

Role(角色):明确AI需扮演的特定身份。例如,摄影教程博主。

Task(任务):提出具体明确的功能或内容要求。例如,整理一份适合新手的赏花摄影技巧清单。

Expectation(期望):提供任务相关的场景信息或约束条件。例如,让新手能根据这些技巧拍出不错的赏花照。

Constraint(限制):是否有格式、篇幅或风格方面的要求?例如,以文字形式呈现,每个技巧配上简单说明,整体篇幅300字左右。

这四个要素支持灵活的排列组合,可以先讲期望,再讲任务和角色,在执行效率场景,也可以先明确限制,再提出任务。

接下来,我们一起实践一下!在DeepSeek对话框中输入以下文字:

作为一个资深书虫,帮我撰写一篇推荐经典文学作品的文案,目标用户是20—35岁有阅读习惯的人群，要求突出作品的深刻内涵和独特的写作风格，280字左右。

◆ 与DeepSeek高效交互的五大准则

莎士比亚有云："一千个读者眼中有一千个哈姆雷特。"

在使用DeepSeek时亦是如此，1000个人运用它，往往会收获1000种截然不同的结果。在处理同样的工作时，我和助理都借助了DeepSeek，然而最终的产出却有着巨大差别。

在AI时代，影响AI产出质量的变量主要有两个：

1.提问者所提问题（提示词）的质量高低。

2.提问者对AI生成结果的筛选、验证以及抉择能力的强弱。

无论AI工具如何更替，遵循下面这5条准则，都足以大大提升你的AI输出质量：

准则一：需求精准化

· 问题识别

要是表述得太模糊，像说"撰写相关材料"，AI给出的结果就很可能跟你想的不一样。

· 实施要点

（1）采用"场景+对象+量化指标"三要素表述法。

（2）案例示范

请生成新媒体运营岗位求职信，需包含：

①3年微信公众号运营经验；

②成功提升用户活跃度20%的实操案例；

③800字以内中文书面语体。

准则二：背景完备化

·信息维度

尽量把行业背景、数据范围、核心诉求这三类基础信息都提供给AI。

·应用示例

附件为A奶茶品牌2023年Q2销售数据（CSV格式），需求：

①对比周末/工作日订单量差异；

②识别18-25岁客群消费时段特征；

③输出结论需包含图表可视化方案。

准则三：格式结构化

·规范层级

（1）基础级：指定文本/表格/代码等载体形式；

（2）进阶级：要求SWOT分析、甘特图等专业模板。

·典型范例

请以表格形式呈现三种咖啡店促销方案，需包含：

①活动主题

②实施步骤（分点陈述）

③成本预算（单位：元）

④预期ROI计算式

准则四：表述简洁化

·黄金原则

采用"核心诉求（≤20字）+约束条件+预期效果"结构。

·实践案例

用非技术语言解释区块链原理（300字以内），要求：

① 使用生活化类比

② 回避密码学专业术语

准则五：反馈迭代化

· 优化路径

按照初级反馈—定向修正—结果验证，这3个阶段循环。

· 操作实例

首次输出：该营销方案预算超标；

修正指令：将线下物料改为电子优惠券，控制总成本≤5000元。

◆ 五大快捷指令，开启高效交互体验

指令1：续写

功能：延续中断内容生成

语法：续写（补充说明）

示例：续写需补充用户隐私保护条款

指令2：简化

功能：知识降维输出

语法：简化（类比要求）

示例：简化用学生死记硬背考题比喻

指令3：示例

功能：生成可执行案例

语法：示例（技术规范）

示例：示例一人公司成功创业故事

指令4：步骤

功能：流程拆解指导

语法：步骤（关键节点）

示例：手机摄影布光，测光—补光—色温调节

指令5：检查

功能：逻辑验证纠错

语法：检查（重点维度）

示例：检查市场调研报告数据一致性

现在你可以尝试用"步骤"生成你的首个AI协作流程图。

2.2 让DeepSeek入职，成为你的第一个"数智员工"

◆ 会玩AI，一个人顶一个团队

以前，许多创业者都认为招聘员工是企业扩张的主要标志。然而，在数字化转型的大背景下，AI应用能力和组织能力才是关键。如果我们能够充分发挥DeepSeek、腾讯元宝、豆包等工具的优势，足以将原本需要数小时甚至数天的工作压缩到几分钟内完成。

1. 极速响应

传统招聘流程十分烦琐，从筛选简历、组织面试，再到新员工培训，短则需好几周时间，长则要数月之久。而DeepSeek入门仅需2小时，相比培训人类员工速度快20倍，能够立即投入工作，有效解决紧急任务。

2. 无限拓展

我们的精力毕竟是有限的，在面对众多任务时往往会应接不暇。DeepSeek却能同时处理数以千计的客户咨询，突破了人力的极限。例如，在电商大促期间，咨询量会突然大幅增加，DeepSeek却能轻松应对，确保客户服务质量。

3.持续进化

DeepSeek通过对话数据进行训练，每周都会更新知识库，并且能够根据用户的反馈优化答案，服务能力也随之不断增强。

以某小型教育公司为例，以前依靠5名人工助教，不仅成本高昂，而且在大型活动期间根本无法满足大量的咨询需求，导致客户满意度很低。引入DeepSeek作为智能辅助后，服务效率大幅提升，客户满意度也明显提高。

◆ 全方位攻略，深度挖掘DeepSeek潜力

1.精准下达指令：明确任务，确保高效执行

向DeepSeek下达指令时，务必清晰、具体。不同工作场景下，指令侧重点有所不同。

（1）内容创作场景

若要撰写一篇科技产品评测文章，可对DeepSeek说：

为新发布的折叠屏手机撰写一篇评测文章，文章要详细介绍手机的外观设计、屏幕折叠技术、性能参数、拍照效果等方面，结合实际使用体验，分析产品优缺点，字数在1000字左右，语言风格专业且通俗易懂。

（2）项目管理场景

当你负责一个线下课程规划时，可这样指令：

请你给这个为期3个月的线下课程制订课程进度计划，明确各教学阶段的任务、时间节点、所需教师和教学资源，考虑到节假日等可能的干扰因素，制定应对措施，以表格形式呈现。

2.持续优化提升：反馈驱动"培训"，塑造专属风格

持续"培训"能让DeepSeek更契合工作需求。在不同背景和目标下，反馈方向也不同。

（1）广告文案场景

若DeepSeek生成的广告文案缺乏感染力，可要求：

这次的广告文案太平淡，我们需要更具吸引力的内容，突出产品独特卖点，激发消费者购买欲望，重新创作一份。

（2）数据分析场景

若分析报告的数据维度不够全面，可反馈：

这份数据分析报告只考虑了销售额，还需加入市场份额、客户增长率等维度，重新分析并完善报告。

3.无缝团队协作：融入工作流程，激发团队协同效应

在团队项目中，DeepSeek能成为你重要的"虚拟智囊团"。

（1）设计团队

设计师在设计海报时，可借助DeepSeek获取设计灵感，如，请提供一些以绿色环保为主题的海报设计创意，包括色彩搭配、构图元素和文案建议。

（2）研发团队

产品研发时，让DeepSeek协助分析技术难题，如，分析当前新能源电池续航技术的瓶颈，对比主流解决方案，提出优化方向。

4.严格质量把控：设定标准，确保输出优质成果

为保证DeepSeek输出内容的高质量，需要建立严格的监督机制，并根据不同场景设定相应的质量标准。

（1）内容创作场景

质量要求：在内容创作场景中，要求文章逻辑清晰、语言流畅、无错别字，观点新颖，且契合目标平台的风格与受众喜好。

·提示词示例：

生成一篇逻辑清晰、语言流畅的科技类文章，观点需新颖，符合微信公众号的受众喜好。

帮我优化这篇文章，确保逻辑清晰、无错别字，并调整语气以适配小红书平台。

生成一篇适合知乎的深度分析文章，主题为"AI工具的办公应用"，要求观点独特且有数据支持。

质量验证与优化：文章发布后，可依据阅读量、评论等用户反馈优化指令，进一步提升内容质量。

·提示词示例：

根据以下用户评论，优化这篇文章的语言表达，让内容更适合目标受众。

分析这篇文章的阅读量和评论数据，生成优化建议。

这篇文章的阅读量较低，帮我调整标题和开头，吸引更多读者点击。

（2）数据分析场景

数据核实要求：在数据分析场景中，对于涉及重要决策的数据，必须二次核实与校验信息来源、数据真实性和分析结论。每个环节都需严格把关，消除DeepSeek等工具在使用"联网搜索"功能时可能遭遇的错误信息干扰。

·提示词示例：

帮我核实以下数据的真实性，并生成一份校验报告。

检查这份数据分析报告，确保所有信息来源可靠，结论准确无误。

对这份联网搜索生成的报告进行二次校验，重点检查数据的真实性和逻辑一致性。

数据处理与验证：如果发现数据存在问题，可以再优化。

· 提示词示例：

重新搜索并更新这份报告中的数据，确保信息来源权威。

帮我验证这份数据报告中的结论是否与最新研究一致。

清理这份数据分析中的错误信息，并生成一份更全面的总结。

2.3 如何用DeepSeek为办公能力"开挂"

根据我日常观察,绝大多数的职场人每天浪费50%以上时间在重复性事务上。现在我们以常用的办公场景为例,来看看如何运用DeepSeek,在文档撰写领域大显身手,让你未来的时间更有价值。

◆ 合同撰写

在创业过程中,合同撰写是一项极为重要却又繁杂的工作,毕竟合同中的关键条款直接关联着各方的核心利益。DeepSeek依托对海量法律条文,以及众多过往广告合作合同案例的深度研习,能够在关键条款的撰写上,为我们提供极为专业的参考。

以撰写广告合作合同为例,当时我向DeepSeek提出了这样的问题:

【角色设定】作为经验丰富的合同法律专家。

【详细任务描述】请为公司的广告合作合同撰写一条关于广告投放及效果验收条款。公司作为广告投放需求方,要求合作方在合同签订后的30个工作日内,完成所有广告投放筹备工作并正式上线广告。广告投放的平台及具体位置需严格按照双方事先确定的方案执行。广告上线后,公司将在每轮投放周期结束后的5个工作日内,组织对广告投放效果的验收。验收标准依据双方事先共同确认的广告效果评估指标体系,若广告投放效果未达到既定标准,合作方需在接到通知后的7个工作日内,提出整改方案并付诸实施,由此产生的费用由合作方承担。

【关键信息补充】同时要明确,若因合作方原因导致广告投放延迟,每延迟一天,合作方需按照合同总金额的0.5%向公司支付违约金;若公司未在规定时间内完成验收,视为广告投放效果验收合格。

【期望输出要求】请以正式、严谨的法律语言呈现,确保条款清晰、明确且无歧义。

很快,DeepSeek输出了专业的合同条款初稿,大幅减轻了合同撰写负担。

◆ 策划方案

为了写好一份推广策划方案,我经常独自在办公室里与无尽的资料和繁杂的思路"战斗"到凌晨,却依旧难以梳理出一个完善的方案框架。然而,自从拥有了DeepSeek等AI工具,一切都变得截然不同。

我们可以这样向它发出下面这些提示词:

【角色设定】作为资深的课程推广策划专家。

【详细任务描述】为公司即将推出的课程制订一份全面的推广策划方案。本次推广针对公司精心打造的(课程名称)系列课程,目标是在推广周期内(预计为一个月)实现课程报名人数增长50%。推广预算设定为50万元,重点聚焦于线上教育平台、社交媒体以及线下讲座、培训活动的联合推广。

【关键信息补充】方案要着重突出课程的独特优势和显著特色。例如,

（课程名称）系列课程所具备的前沿教学理念、实战性极强的课程内容以及超高的性价比。同时，必须设计出一系列能够吸引目标学员的推广策略，诸如限时折扣、赠送学习资料大礼包、设立学习奖励机制等，以此激发学员的报名热情。

【期望输出要求】请详细给出推广活动的具体流程、人员分工安排、预算合理分配方案，字数在2000字左右，并且融入一些创新的宣传思路和独特的推广手段。

◆ 商业推广文案

前段时间，我们合作方推出了一门极具针对性的大学生就业指导课，致力于帮助大学生清晰认知就业形势，掌握求职技巧。

接下来，为你详细展示我们运用DeepSeek撰写推广文案的全过程。

第一步，精准定位需求。这门大学生就业指导课主要面向即将毕业、面临求职压力的在校大学生，以及对未来职业发展感到迷茫、缺乏清晰规划的低年级学生。课程的核心在于通过专业的就业形势分析、实用的求职技巧培训，以及个性化的职业规划辅导，助力不同阶段的大学生明确职业方向，提升就业竞争力，这是构建提示词的关键要点。

第二步，精心设计提示词，如下：

【角色设定】作为资深的大学生就业指导课推广文案撰写专家。

【任务描述】为公司全新推出的"大学生就业领航指导课"创作推广文案。该课程由多位经验丰富的职场导师与资深HR联合授课，课程内容包含全面的就业形势剖析、实用的简历制作与面试技巧培训、贴合个人兴趣与专业背景的职业方向规划，以及长期的求职跟踪服务与答疑指导。无论是初涉职场的求职小白,还是对职业发展心存困惑的迷茫学子,都能从中获取切实有效的帮助。

【信息补充】目标受众为对就业感到焦虑、渴望提升求职能力与明确职业方向的大学生群体。文案需着重展现该课程对他们求职就业的实际助力,如帮助学生提升简历投递成功率、掌握面试技巧成功拿到offer、明晰职业目标开启理想职业生涯等。

【输出要求】文案风格要亲切活泼又具有感染力,能够引发大学生群体的情感共鸣,篇幅控制在500字左右。

第三步,全面审视文案是否精准,语言表述是否具有足够的吸引力与说服力。若存在不足,需对部分表述进行针对性的微调,确保文案能够完美契合课程实际内容,精准触达目标客户的心理需求。

2.4 没时间创作？快用AI实现"一鱼多吃"魔法

对于一人公司而言，时间无疑是极为宝贵的资源，而借助先进且强大的AI技术，我们能够巧妙且轻松地推行"一鱼多吃"的创作策略，将一份素材进行深度挖掘与多元转化，打造出短视频、朋友圈文案、直播脚本、社群交流文字、线上课程以及出版书籍等多种形式，在不同的平台与场景中充分释放素材的价值。

接下来，我们就以一份"素人兼职做抖音vlog，从0到几百粉丝的创业历程"访谈文字稿为基础，充分施展"一鱼多吃"的创作魔法。

◆ 短视频转写模块

1.AI提示词示例

（1）内容萃取提示词

从这份访谈文字稿里，找出5个关键词权重最高的叙事段落。重点提取有这些要素的内容：①时间明确的转折事件；②能具体量化的运营数据；③能引发情感共鸣的个人经历。

输出形式：时间轴+关键事件矩阵表。

（2）脚本生成提示词

请设计符合开头6秒吸引人原则的脚本结构。要包含：①开头设计（3种开场方案）；②画面切换节奏（每7秒换画面）；③互动引导策略（至少2处引导互动）。输出形式：分镜表（含时长、画面内容、音频内容、字幕文案）。

（3）视觉优化提示词

参考以往1000多个爆款视频，给出3种不同视觉方案：①数据可视化方案（动态信息图+对比颜色）；②情景重现方案（真人拍摄+场景还原）；③动画讲解方案（3D建模+虚拟形象）。每个方案都要附上：①色彩心理分析；②设备参数建议（比如拍摄设备要能达到4K/60fps标准）；③后期特效模板链接。

2.输出示例

分镜表（节选）

镜号	时长	画面内容	音频内容	字幕文案
1	0:00—0:06	方案一：主播持手机，惊讶看夸张播放量增长数据 方案二：主播在堆满设备的房间，兴奋地向镜头挥手 方案三：快速切换不同vlog封面，聚焦爆款	惊讶音效（一） 欢快音乐（二） 切换音效（三）	方案一："惊！一周播放量暴增60%的秘密！" 方案二："打造百万粉丝vlog，从这里开始！" 方案三："爆款封面技巧，你知道吗？"
2	0:06—0:13	主播坐在书桌前，讲热门标签的重要性，屏幕展示图表数据	舒缓讲解音乐	平台算法：完播率35%、互动率25%，标签影响大！
3	0:13—0:20	主播在电脑前，展示抖音标签搜索页及筛选步骤	点击音效	抖音标签页，教你精准筛选！

◆ 朋友圈转写模块

1. AI提示词示例

（1）爆点提炼提示词（增加传播学理论约束）

运用STEPPS原则（社交货币、触发物、情感、公共性、实用价值、故事性），从原始素材中提取符合2种以上传播要素的金句。要求：①包含可验证数据（如"500粉丝达成时间缩短40%"）；②嵌入平台热点话题标签（参照微信指数Top50）；③设置知识缺口（如"第三步方法90%的人不知道"）。

（2）互动设计提示词（增加行为心理学机制）

设计三级互动漏斗：①认知层（趣味测试："你的vlog基因是什么？"）；②情感层（共情提问："你是否经历过这种困境？"）；③行为层（裂变机制："@3位好友解锁完整攻略"）。要求包含：FOMO（Fear of Missing Out意指人们在社交媒体的情境下会非常畏惧错过信息）文案要素+SCQA（S=Situation，C=Complication，Q=Question，A=Answer）故事框架。

2. 输出示例

朋友圈（节选）

你知道吗？采用第一人称沉浸式拍摄视角，能让你的vlog播放量在1周内提升60%！

很多成功的vlog博主，都有一段从无人问津到备受关注的故事，关键就在于运用独特视角，契合当下大众对梦想追求的情感需求。

这背后的故事90%的人都未曾了解，今天就来为你揭秘……

◆ 直播内容转写模块

1. 专业级提示词重构

（1）框架设计提示词

帮我设计一份直播脚本，要求设计三级内容层级：①基础层（20%时间）：平台规则解析；②方法层（50%时间）：可复用的SOP流程；③突破层（30%时间）：差异化竞争策略。要求每个环节包含：①算法原理说明；②典型错误案例警示。

（2）互动机制提示词

构建PBL体系（积分、勋章、排行榜）：①知识问答积分可兑换课程折扣；②连续签到解锁隐藏资料；③地区排行榜触发同城联动。需包含：防作弊机制+实时数据看板+社交分享奖励。

2. 输出示例

直播逐字稿（节选）

直播间的朋友，接下来我们讲讲选题策划，这可是vlog的灵魂。家人们，咱要从日常里挖掘那些有趣又有价值的话题。比如，"普通人的一天逆袭计划"，多有意思呀。大家可以从自身经历、兴趣爱好、生活痛点这些方面去找灵感。你自己的独特经历，说不定就是别人特别感兴趣的内容。

选好题，咱就该准备拍摄了。拍摄的时候，运镜技巧和画面构图很重要。推、拉、摇、移这些运镜手法，能让画面更生动。画面构图呢，像中心构图、三分法构图，用好了能让画面特别有吸引力，观众看着也舒服。

这里我再给大家举个典型错误案例，有些朋友拍摄的时候，画面模糊、抖动严重，这可太影响观看体验了……

◆ 线上课程开发模块

1. AI提示词示例

请为我完成课程逐字稿设计，要求完成：

①构建四维能力模型（技术力、创意力、运营力、商业力）；

②匹配抖音创作者能力评估量表；

③生成个性化学习路径图。

约束条件：每课时需包含3种知识验证方式（情景模拟、数据诊断、同伴互评）。

2. 输出示例

课程逐字稿（节选）

要制作出一段吸引人心、令人难忘的vlog，选题策划和叙事结构设计无疑是两大关键要素。

选题策划：选题是vlog创意的关键。我们要从生活中挖掘独特的、有价值的话题。比如，以"普通人的一天逆袭计划"为选题，记录自己从起床到晚上睡觉，一天内通过各种努力实现自我提升的过程，这种选题能够引起观众的共鸣。同时，我们要关注当下的热点话题，将热点与自己的生活相结合，创造出独特的vlog内容。

叙事结构设计：一个好的叙事结构能够让观众更好地理解和沉浸在我们的vlog中。常见的叙事结构有线性叙事、非线性叙事和故事性叙事。线性叙事就是按照时间顺序依次记录事件；非线性叙事可以通过回忆、插叙等方式打破时间顺序，增加视频的趣味性；故事性叙事则是为视频赋予一个完整的故事，有起因、经过和结果，让观众更有代入感。

以上就是用AI做一鱼多吃创作的部分示例，在实际的创作过程中，类似这样的提示词及其对应的使用方式还有很多。它们就像一个个隐藏的宝藏，能够帮助我们充分挖掘一份素材的潜在价值，最大化我们的创作收益。

2.5 深挖DeepSeek隐藏功能,让你的人生效率翻倍

◆ 构建专属私人知识库

1.规划知识架构

先根据自己的工作或学习场景,创建结构化文档模板。比如,律师可以把各类判例按民事、刑事、行政分类整理,方便后续查找参考;医生则根据疾病类型、症状建立诊疗手册,为日常诊疗提供依据。

·提示词示例

帮我生成一份律师判例分类模板,包括民事、刑事、行政三大类。

创建一个医生诊疗手册框架,按疾病类型和症状分类。

生成一份金融行业投资案例分类模板。

2.数据预处理

把收集好的数据,通过格式转换,变成DeepSeek能读懂的格式,像把PDF、Word文档转成文本,然后用指令清洗数据,去除重复、错误信息,让数据更"干净"。

·提示词示例

将这份PDF文档转换为纯文本格式,并提取其中的关键信息。

清洗这份数据,去除重复内容和错误信息,保留有效数据。

帮我整理这份文档,提取所有与XX相关的信息并生成列表。

3.创建与使用

通过腾讯IMA平台、CherryStudio等平台新建知识库,上传整理好的文件,再设置一些容易记住的调用关键词。要是你懂代码,也能通过API(应用程序编程接口)开发,更灵活地创建。使用时,直接和AI大模型对话就能激活知识库。

◆ 跨语言交流小能手

1.精准翻译

开启精准翻译模式,设定好源语言、目标语言,再加上特殊要求,不管是商务合同还是日常邮件,它都能准确翻译,让沟通零障碍。

·提示词示例

将这段商务合同从英文翻译成中文,保持专业术语一致。

翻译这封邮件为法语,语气要正式且礼貌。

帮我翻译这段技术文档为德语,保留所有专业术语和格式。

2.学术润色

写学术论文时,DeepSeek能模仿特定论文的用词风格,翻译论文摘要,还能检查术语一致性,保留原有格式,助力学术成果走向国际。

·提示词示例

润色这篇论文摘要,模仿Nature期刊的风格。

检查这篇论文中的术语一致性，并修正错误。

将这段中文摘要翻译成英文，符合APA格式要求。

3.文化适配

考虑不同文化背景，调整表达和案例，避开敏感内容。

・提示词示例

帮我调整这段文案，避免涉及某某地区敏感内容。

为印度客户定制一份企业文化介绍，替换掉不适合的案例。

将这段关于企业文化的文案本地化，适合中东地区受众。

◆ 解锁AI内容衍生新玩法

1.知识拓展

从基础内容出发，深入挖掘更多知识。比如，从"自媒体运营基础"，拓展到"自媒体高阶变现技巧"，详细剖析广告合作、品牌推广等变现方法，满足不同阶段学习需求，丰富内容体系。

・提示词示例

从"自媒体运营基础"拓展到"高阶变现技巧"，重点分析广告合作和品牌推广。

生成一份关于自媒体变现的知识拓展内容，包含广告合作和品牌推广的详细方法。

帮我扩展这段内容，加入更多关于自媒体高阶变现的案例和技巧。

2.用户互动

鼓励用户参与内容创作。例如，举办"我的自媒体成长故事"征文活动。用户分享的经验，不仅能为原始内容提供案例支持，还能增强用户的参与感和归属感，形成良好的内容生态循环。

·提示词示例

设计一个"我的自媒体成长故事"征文活动文案，吸引用户投稿。

生成一段引导用户分享自媒体经验的文案，突出参与感和归属感。

帮我写一篇活动公告，主题是"分享你的自媒体成长故事"，鼓励用户参与。

怎么样，现在是不是对DeepSeek的强大功能有了全新认识？快动手试试，开启你的DeepSeek高手之路吧！

◆ DeepSeek+Canva可画，解锁小红书笔记全流程秘籍

1.爆款选题挖掘

找到具有潜力的选题是成功的第一步，我们需要从众多笔记中筛选出那些真正具备爆款特质的内容作为参考。

这些筛选标准将帮助我们精准定位优质选题。

·筛选标准

①点赞量>10000的笔记，这类笔记通常经过了算法和用户的双重检验，具有较高的吸引力和传播价值。

②内容结构重复性强，如多页信息清单、计划表等。这种结构便于利用AI进行批量制作，只需替换关键内容即可。

③文案可模块化拆解，包含标题、正文、分点说明等部分。模块化的文案能更精准地向AI下达指令，生成符合要求的内容。

·案例示范

搜索关键词"2025计划表"，在搜索结果中选取一篇爆款笔记进行结

构分析。例如，某爆款笔记结构如下。

封面：2025年度计划

内页1：每日计划（10条）

内页2：每周计划（6条）

内页3：每月复盘（4项）

2.DeepSeek指令公式

当我们确定了爆款选题的方向后，接下来就需要借助工具来生成具体的文案内容。通过精准的指令输入，DeepSeek能够帮助我们快速地得到符合需求的文案。

·精准指令示例（以计划表为例）

请生成小红书风格内容文案。

主题：2025年高效人生管理计划。

包含3个模块：每日计划（10条）、每周重点（8条）、每月复盘（5项）。

每条内容用emoji表情开头，长度不超过15字。

添加热门标签："时间管理""自律逆袭"。

注意事项：生成文案后，务必使用DeepSeek的优化润色功能调整为口语化表达，使其更符合小红书平台轻松、活泼的风格，拉近与用户的距离。

3.HTML排版生成

有了优质的文案内容，如何将其以美观、吸引人的形式呈现给用户呢？

通过HTML排版，我们可以为内容打造出独特的视觉效果。

·精准指令示例

将上述内容转为小红书图文HTML代码。

使用浅紫色渐变背景。

标题字体：思源黑体加粗。

正文分三栏布局，每项前加✅emoji表情。

添加虚线分隔线。

```html
<html lang="zh-CN">
<head>
    <meta charset="UTF-8">
    <meta name="viewport" content="width=device-width, initial-scale=1.0">
    <title>2025高效人生管理计划</title>
    <style>
        body {
            background: linear-gradient(135deg, #E6E6FA, #D8BFD8);
            font-family: 'Source Han Sans CN', sans-serif;
            padding: 20px;
            color: #333;
        }
        h1 {
            font-family: 'Source Han Sans CN', sans-serif;
            font-weight: bold;
            text-align: center;
            color: #4B0082;
        }
        .container {
            display: flex;
            justify-content: space-between;
            margin-top: 20px;
        }
        .column {
            width: 30%;
            background: rgba(255, 255, 255, 0.8);
            padding: 15px;
            border-radius: 10px;
            box-shadow: 0 4px 6px rgba(0, 0, 0, 0.1);
```

操作流程：输入指令后，点击运行HTML预览效果。仔细检查排版是否符合预期，包括文字大小、颜色、位置和页面布局等。

确认无误后，截图保存，截图时要注意图片的清晰度和完整性，避免出现模糊或裁剪不全的情况。

自动化脚本配置：可利用浏览器插件AutoFill自动替换文案变量，提高制作效率。在批量导出图片时，按"标题+序号"命名，方便管理和查找，避免图片混乱。

4.标题矩阵生成

一个好的标题能够大大提高内容的曝光率。因此，我们需要生成一系列有吸引力的标题来满足不同用户的需求。

·精准指令示例

请按小红书爆款公式生成30个标题。

[数字]+[领域]+[效果]，示例：2025计划丨用这30张表彻底杀死拖延症。

如此一来，你便能收获海量风格各异的标题，足以满足矩阵化运营的多元需求，实现全方位的流量增长与品牌推广。

通过上述步骤，我们仅借助DeepSeek这一工具，便一气呵成地完成了文案创作、图片生成以及标题拟定等一系列工作。

这里要说明下，使用HTML生成图片，优势在于操作简便，能快速满足基础需求。但倘若你渴望打造更具高级质感与格调的内容，我们可以选择Canva可画。

1. 2025计划 | 10个习惯让你效率翻倍🔥
2. 时间管理 | 5个技巧告别无效忙碌✨
3. 自律逆袭 | 7天养成高效生活节奏💪
4. 2025目标 | 3步搞定年度计划，轻松实现🎯
5. 高效学习 | 8个方法让你专注力爆表📚
6. 早起计划 | 21天养成早起习惯，人生开挂☀
7. 断舍离 | 10件小事让生活更清爽✂
8. 职场进阶 | 5个技巧让你工作效率翻倍💼
9. 健康生活 | 7个习惯让你活力满满🏃
10. 理财规划 | 3步搞定2025财务自由💰
11. 情绪管理 | 5个方法让你每天正能量满满🌈
12. 阅读计划 | 10本书让你2025脱胎换骨📖
13. 时间管理 | 4个工具让你告别拖延症⏰
14. 高效沟通 | 5个技巧让你职场如鱼得水🐟

5.进阶：Canva可画专业排版

当我们对内容有更高品质的要求时，Canva可画为我们提供了更多专业排版的可能性。

· 模板选取策略

在可画的搜索栏输入"年度计划""日常打卡""效率清单"等关键词，筛选出点赞量>1000的模板。这些模板经过众多用户使用和点赞，符合平台算法偏好和大众喜好，能有效提高笔记的曝光率。

· 数据关联技巧

在批量创建中导入CSV文件，该文件需提前用DeepSeek生成结构化数据。关联字段时开启智能换行，防止文字溢出，影响美观。

・差异化处理

每批次生成后，手动修改主色调（推荐莫兰迪色系，因其柔和、舒适，符合大多数用户的审美），替换20%以上的局部图标，避免内容重复，增加独特性。

◆ DeepSeek联动AI PPT，一键开启PPT高效生产

制作一份精美的PPT往往需要耗费大量时间和精力，但现在，借助DeepSeek和AI PPT，这一过程变得高效且轻松。以下是如何利用这两款工具快速生成高质量PPT的详细步骤，以高端美妆品牌合作提案为例。

1.明确需求，生成PPT大纲

在DeepSeek中输入你的需求，生成一份结构清晰的PPT大纲。

帮我生成一份关于高端美妆品牌合作的PPT大纲，内容包括市场分析、目标用户画像、合作方案和预期效果，用Markdown格式。

2.将大纲导入AI PPT，生成PPT

（1）复制DeepSeek生成的大纲内容，打开AI PPT的PPT助手功能，或使用Kimi Plus的PPT助手。

（2）粘贴内容，点击发送。

（3）选择模板主题：根据品牌调性选择合适的模板，如高端美妆品牌可以选择简约大气或时尚奢华的风格。

（4）调整细节

颜色：选择与品牌VI一致的配色方案。

字体：使用易读且符合品牌形象的字体。

图片与图标：插入与内容相关的高质量图片或图标，增强视觉吸引力。

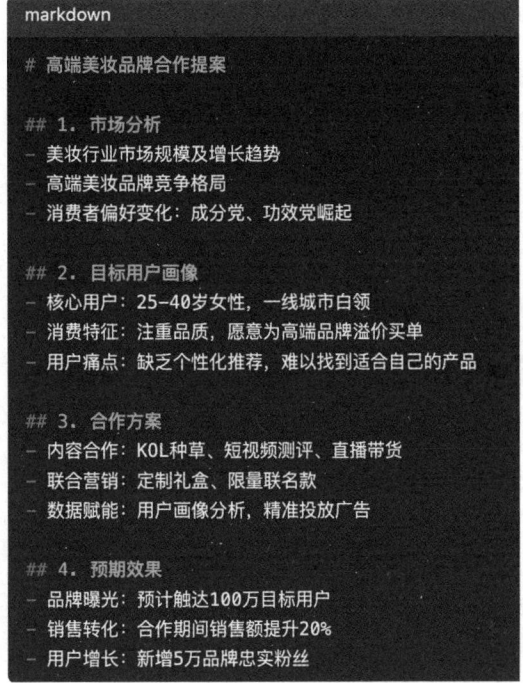

DeepSeek输出示例

3.优化与定制化

（1）内容优化

在市场分析部分加入最新行业数据图表，增强说服力。

在目标用户画像部分插入用户画像图或消费行为分析图。

在合作方案部分加入案例展示，如过往成功合作的品牌案例。

（2）视觉优化

使用AI PPT的智能排版功能，确保每一页PPT的布局美观。

添加动画效果，提升演示的流畅性和吸引力。

（3）品牌元素融入

在每一页PPT的页眉或页脚加入品牌Logo。

使用品牌主色调作为PPT的背景或强调色。

4.质检与调整

（1）逻辑检查：确保每一部分内容逻辑清晰，前后呼应。

（2）视觉检查：检查字体大小、图片清晰度、配色是否协调。

（3）用户视角检查：从客户的角度审视PPT，确保内容简洁明了，重点突出。

5.演示与反馈

（1）预演：在正式提案前，使用AI PPT的演示模式进行预演，确保每一页PPT的切换和动画效果流畅。

（2）收集反馈：根据客户反馈，快速调整PPT内容。例如，如果客户对市场分析部分感兴趣，可以进一步补充数据或案例。

未来，随着算力和功能更强大的AI工具不断出现，创作的可能性将更加广阔。希望大家能够积极拥抱AI，以"空杯心态"探索更多未知的领域，在提升效率的同时，不要忘记让我们的每一份创作都充满独特的价值与生命力。

毕竟，AI的真正意义，不仅在于帮助我们做得更快，更在于激发我们走得更远的潜力。

第三章

AI时代IP破局:
零基础打造百万级影响力

3.1 人格化三维系统：IP商业的底层算法

人格化三维系统是IP商业的核心逻辑，一个成功的IP，不仅要有鲜明的个性（人设），还要有让观众一眼记住的视觉符号，以及触动人心的价值观。

◆ 人设定位系统

人设不是简单的标签，而是用户记住你、信任你的理由。以下是塑造强人设的要点。

1.强化独特卖点

（1）挖掘自身优势。例如，拥有艺术背景的博主可以从美学视角解读美妆潮流，将艺术流派（如印象派、极简主义）与妆容设计结合，为用户提供新颖的美妆认知。这种独特的视角不仅能吸引艺术爱好者，还能提升内容的文化深度。

（2）聚焦细分领域。例如，秉持环保理念的博主可以专注推荐绿色美妆产品，详细解析产品的环保成分和生产工艺，塑造"环保美妆达人"的人设。这种差异化定位能吸引具有相同价值观的用户，形成忠实粉丝群体。

2.立体人格呈现

一个有故事的人，永远比一个完美的人更有吸引力。通过持续输出有吸引力的内容，打造立体化的人格形象，是增强用户黏性的有效方式。

以某职场博主为例。

（1）梳理成长历程：将其职业发展历程作为故事线蓝本，从初入职场的迷茫，到努力学习技能、应对挑战，再到晋升管理层的高光时刻，分阶段、系列化地呈现给用户。

（2）设置冲突悬念：在早期阶段融入职场霸凌、学历歧视、领导嫡系打压等冲突点，引发普罗大众的情感共鸣。

（3）多形式持续输出：通过和大V共创短视频演绎、和粉丝连麦直播等展现形式，和用户在持续交流中建立情感连接。

3.深度融合热点与用户需求

巧妙结合热点话题与个人观点，是起号阶段快速涨粉的捷径。但你要记住：热点只是流量的入口，唯有融入你的独特视角，才能真正留住用户。

（1）把握热点趋势：当女性职场晋升话题成为热点时，某女性商业博主没有仅仅罗列常规的职场技巧，而是塑造"女性职场破局引领者"的形象，分享自己如何打破性别壁垒取得成功，深度剖析职场性别不平等现象，从独特视角为女性职场人提供思考方向。

（2）洞察用户需求：通过分析热门话题榜和用户在女性商业相关帖子下的评论，精准捕捉需求变化。比如，当"创业资金筹集"成为热门需求时，该博主迅速策划系列内容，从不同渠道获取创业资金的方法、如何撰写吸引人的商业计划书以获得投资，再到成功女性创业者的资金筹集案例分析等方面，提供专业且实用的建议，进而引发女性用户的强烈认同。

◆ 视觉符号系统

视觉符号是IP的无声语言，能让用户在0.1秒内记住你。我们通过基础三件套设计法则和动态视觉锤打造，可以有效提升账号的辨识度和吸引力。

1.基础三件套

外形设计：融合职业属性与平台调性

外形，是我们身份的第一张名片，需结合职业属性和平台特点精心设计。例如，抖音美妆博主可以化精致的潮流妆容，手持热门美妆产品，身着时尚服装，背景布置为摆满美妆工具和产品的化妆台。这种设计不仅能凸显行业属性，还能通过时尚元素吸引用户目光，让用户一眼识别其身份，吸引目标粉丝关注。

封面设计：价值主张的可视化表达

封面是视频的"门面"，它决定了用户是否愿意点开你的内容。例如，抖音知识博主们经常采用"金句+数据看板"的设计，如"30天掌握高效阅读技巧""3个月提分200"，搭配成果数据，直观展示学习效果。同时结合短视频平台用户偏好简洁、视觉冲击强的特点，运用鲜明的色彩对比和突出的文字排版，让封面在瀑布流中脱颖而出，提升点击率。

配色设计：行业认知色与记忆色的结合

高饱和度的颜色，是让用户记住你的秘密武器。例如，红衣大叔周鸿祎常穿红色衣服，说唱知识博主清醒老C常戴绿帽子、穿绿T恤。高饱和度的颜色比低饱和度颜色更容易被记住，因此配色应结合抖音流行趋势，选择醒目且符合账号调性的色彩。

2.动态视觉锤

视频片头：快速抓住观众眼球

一个独特的片头，能让用户在3秒内记住你的账号。例如，"培根日记"每次在车内拍摄，主播吃东西前会用酒精喷手消毒，这一反复出现的动作成为标志性记忆点，让用户看到类似动作就能联想到该账号。

固定场景：增强内容可信度与沉浸感

场景是内容的舞台，它能为用户营造沉浸式的观看体验。例如，火锅店老板在人满为患的大堂内分享经营心得，幼儿园园长在儿童活动室内分享幼儿园的教育理念，探险达人穿着专业的登山装备，在壮丽的山脉中分享登山的技巧，这些场景与内容高度契合，能让用户更好地沉浸其中，同时强化账号的专业形象。

元素植入：增加记忆点与互动感

在视频中植入固定配角或道具，能显著提升记忆点。例如，生活类短视频中玩手机的男朋友，适时对主角的分享做出反应；或茶艺博主怀里的猫咪，通过打瞌睡增添生活气息。这些元素与主体互动，不仅能有效促进观众停留，还能强化账号的辨识度。

◆ 价值锚定系统

价值观是IP的灵魂核心，它不仅能够引发用户的情感共鸣，还能在内容同质化的环境中树立独特的品牌形象。

1.坚守价值底线

IP的长期发展一定离不开对价值底线的坚守，相比一味迎合和讨好观众，用真实案例展示原则与底线，能够赢得用户的信任与认同。

案例拆解：某高端定制家居IP

面对客户为节省成本而要求使用劣质板材时，该IP坚决拒绝，并通过短视频耐心讲解环保与耐用性的重要性，同时提供合理的替代方案，这一举动不仅巩固了老客户的信任，还吸引了注重品质的新客户。

案例拆解：某美容护肤博主

该博主收集用户使用产品前后的皮肤状态对比照片和感谢反馈，并将其融入视频内容，博主直观展示了服务效果，吸引了更多潜在用户关注，显著提升了口碑。

这些坚守价值底线的真实案例不仅抓住了现有客户的心，还通过短视频的传播效应，将IP的价值理念传递给了更广泛的受众。

2.暴露认知迭代

通过分享成长与学习过程，IP可以增强用户的参与感和黏性。

案例拆解：某学习博主的经验分享

该博主每月举办"学习经验分享会"直播，博主坦诚分享近期学习成果（如新方法、学业进步）和问题（如瓶颈期困扰），同时设置互动环节解答用户疑问，形成一个积极向上的学习社区。

案例拆解：某电商运营博主的团队协作展示

该团队通过拍摄团队讨论营销策略、分析数据报表、筹备直播活动等画面，博主展现了团队的努力与专业，营造了真实的工作氛围，增强了用户的亲近感和信任感。

这种多元化的内容展示，不仅让IP形象更加立体，还拉近了与用户之间的距离。

3.拓展多元呈现

专业IP不应高高在上，而要探寻多元的内容呈现方式，最好是把专业晦涩的知识转化得清晰易懂，让知识更好更快地走进大众生活，实现有温度、有价值的深度传递。

案例拆解：不刷题的吴姥姥

作为同济大学物理学教授，吴姥姥科普物理的方式真是创意十足，面对高深的BEPC正负电子对撞机原理，她拿起羽毛球拍做演示，将微观且抽象的物理概念转化为大众易于理解的比喻，在讲解FAST望远镜原理时，她又拿出生活中常见的大锅，让"大国重器"的工作原理不再遥不可及。

案例拆解：戴建业

就拿解读《赠花卿》来说，戴建业教授不拘泥于传统的诗词注释讲解，而是凭借深厚的文学功底，用极具感染力的语言描绘出一个个生动鲜活的场景，让观众仿佛穿越时空，置身于诗词所描绘的时代，既领略了古典诗词的独特魅力，又从中汲取了人生的智慧与力量。

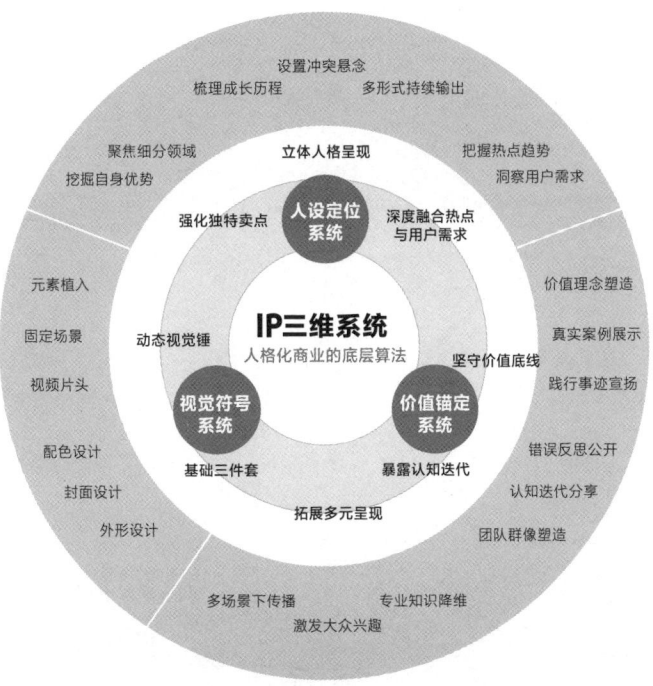

IP三维系统

请你记住，IP的成功，从来都不是单一要素的胜利，而是人设、视觉和价值观的协同效应。

通过IP三维系统的构建，你将能够在内容同质化的环境中脱颖而出，打造出具有持久生命力的个人品牌。

3.2 账号冷启动四件套：头像、命名、简介和背景

◆ 头像

头像是用户对IP的第一视觉接触点，其底层逻辑是真实感+专业感+共情力，直接影响情感连接和信任感的建立。

1.尺寸：建议用800×800像素以上正方形图，保证缩略图也能清晰呈现人物和场景关键特征。

2.场景：结合职业属性定制画面，例如职场培训师于办公桌前授课、读书博主在图书馆持书阅读、律师以律所门牌为背景拍摄职业形象照。

3.情绪：根据专业领域调整表情仪态，如知识博主以沉稳微笑传递专业信赖感，母婴类可通过温暖抱娃动作强化亲和力。

· AI制作头像四步流程

1.拍摄准备：选择光线充足的场景，身着职业装或契合人设的服饰。

2.AI生成：打开美颜相机，进入"AI写真"功能，挑选模板（如"职场精英""亲子达人"）。

3.风格微调：依账号定位优化细节——若需亲和力，可添加微笑；若

侧重专业，建议搭配眼镜、文件道具。

4.高清导出：保存时选择最高画质，防止压缩模糊影响效果。

◆ 账号命名

一个好的账号昵称需要具备3个重要特点：容易记住、定位明确、占领心智。以下是6种命名策略。

1.名字+专业领域：如"泽兴创业笔记""张三商业演说"，直接展示专长，增强专业感。

2.昵称+个性风格：如"小悠的奇幻旅行""阿泽的潮流笔记"，突出个人特色。

3.谐音梗+领域：如"妙笔申生（妙笔生花）""食尚小艾（时尚）"，增加趣味性和记忆点。

4.目标受众+特色内容：如"同传姐妹花""学霸小百科"，精准定位受众。

5.热点词+个人特色：如"凡尔赛小王日常""YYDS手工李"，结合热点与个人特色，快速吸引流量。

关于账号命名，这3点需要留意。

1.名称长度控制在4—8个字最佳，太短易表意模糊，太长难记忆。

2.名称要简洁明了，避免复杂生僻字，方便用户输入与搜索。

3.要确保名称的独特性，不要使用过于大众化的名字。如"Ella健身"，可改为更具个人特色的"Ella陪你瘦"。

◆ 简介

简介是用户认知IP价值的关键窗口，需以简洁有力的表达达成三大核心目标：建立信任、展示价值、引导关注。

1.结构化模板

（1）身份标签：如"10年创业者｜帮助3000+女性副业变现"。

（2）内容价值：如"专注女性轻创业｜每周直播分享冷门赛道"。

（3）情绪共鸣：如"从负债到年入百万，普通人的逆袭没有捷径"。

（4）行动指令：如"→点击主页群聊，领取《小白创业避坑手册》"。

2.爆款元素库

（1）数字背书：如"帮助10000+学员｜单条视频变现50万+"。

（2）荣誉认证：如"TED演讲者｜福布斯30U30"。

（3）反差人设：如"前996程序员｜现环球旅居数字游民"。

◆ 背景

背景图是品牌形象塑造、信息精准触达及用户情感共鸣的核心载体。

1.信息展示型

（1）上半区：在上半区放置个人形象照，搭配关键简介和核心标语，以突出个人特色与优势。字体务必确保清晰，避免因过小而影响阅读体验。

（2）下半区：在下半区展示产品详情、服务报价、直播时间表等信息，方便潜在客户快速获取关键信息。

2.照片场景型

（1）知识付费：需凸显人物权威感，可选用名校毕业典礼、颁奖现场、线下教学等画面，强化专业可信度。

（2）运动健康：以瑜伽健身、户外运动等元素为主题，融入充满活力的人物剪影，展现充满活力健康的生活方式。

（3）情感咨询：可选用黄昏时分的海岸线画面，搭配治愈系文案，如"陪你走出至暗时刻"，营造温暖且抚慰人心的氛围。

第一印象决定成败，账号的每一个细节都在潜移默化中，塑造着用户对我们品牌的信任与认同，在实际运营中，我们一定要根据用户反馈和行业趋势，动态更新账号四件套，持续助力我们从"被看见"逐步迈向"被记住"，最终实现"被选择"的跃迁。

3.3 爆款内容公式：情绪价值×信息密度×信任增量

想知道怎么用AI迅速打造爆款内容吗？说不定90%的人都还蒙在鼓里！要知道，爆款内容的出现不仅仅是"量大出奇迹"，其背后是一套有章可循的科学方法。

◆ 情绪价值

情绪价值是内容传播的强大动力，直接决定了用户会不会看你的作品。抖音视频前3秒流失率能达到65%，开头抓不住用户的情绪点，后面内容再精彩，也是白费功夫。

1.认知情绪价值

抖音商业访谈博主"大白show"，经常采用多机位拍摄手法。主机位负责拍摄全景，全面展示访谈场景；辅机位则专注于捕捉人物的微表情，细腻地记录下受访者的情绪变化。在采访创业者时，他会特意将被访者的喜怒哀乐表情进行特写处理，同时巧妙地配上动画字幕，让观众产生强烈的共鸣。为了营造出更加真实的氛围，他还会运用诸如暗调灯光和时钟音效，将凌晨办公的场景完美重现，极大地增强了视频的感染力。

2.决策情绪价值

抖音探店博主"安秋金"的探店方法相当值得我们借鉴。在探店过程中,他运用专业设备,仔细检测店内的清洁状况,追根溯源地了解食材信息,这一系列严谨操作,着实让观众感到安心。在美食展示环节,他用120帧/秒的慢镜头精心拍摄美食,将烹饪时发出的滋滋声响精心处理得格外诱人,让观众隔着屏幕都能感受到美食的魅力。

◆ 信息密度

高密度的优质信息是短视频的核心支撑,它决定了用户会不会把你的视频收藏起来。

什么样的信息才算优质呢?答案就是满足"可验证、可执行、可量化"这3个标准。

就拿数码科技博主"老师好我叫何同学"讲解5G技术的视频来说。

何同学直接通过实际的网络测速方式,把5G速度快这件原本抽象的事情,以特别直观的数字展现出来,观众一下子就清楚了5G的数据传输又快又稳,比4G强太多了,这就符合可量化标准。

说到5G低延迟这个特性的时候,他举了5G网络下远程操控无人机或者进行远程手术几乎零延迟的例子,这是"可执行"的设想,也让大家明白了5G在实际应用里的价值。

何同学还通过反例突出5G的优势,对比4G网络下视频加载慢、游戏卡顿这些情况和5G的流畅体验,观众能直观感受到5G有多厉害,满足了优质信息"可验证"的标准。

何同学通过输出高密度的优质信息,把复杂的5G知识变得通俗易懂,还让大家直观地了解了5G技术给生活带来的改变，他自己也一下子火出圈，变成了头部数码科技博主。

◆ 信任增量

信任是用户付费的基石，没有信任就没有转化。新用户从关注到付费，通常需要经历3次信任验证：内容价值呈现——互动交流深化——成果案例展示。

1. 内容价值呈现，初次信任奠基

提供有深度、实用且具前瞻性的内容是吸引新用户关注的第一步，也是建立初次信任的关键。

例如，女性商业博主要持续输出关于女性创业项目选择的深度内容，详细对比不同行业的市场前景、投入成本、潜在风险以及适合女性的优势所在。通过高质量内容的不断输出，让新用户认识到博主在商业领域的权威性和专业性，认为关注该博主能收获切实有用的商业知识，从而初步建立起对博主的信任。

2. 互动交流深化，二次信任加固

积极的互动交流，能进一步拉近博主与用户的距离，实现二次信任验证。一方面，及时回复用户在评论区、私信中的提问，给予耐心且专业的解答。比如，用户咨询创业初期如何组建高效团队，博主可结合自身经验，从招聘渠道选择、候选人重点考量因素、团队管理方法等方面给出详细建议。另一方面，定期举办线上直播问答和社群活动，让用户感受到博主的真实亲切，增强对博主的情感认同，进一步巩固信任关系。

3.成果案例展示，三次信任达成

要让新用户彻底信任并愿意付费，展示过往成功帮助用户取得成果的案例是有力手段。

商业博主可以整理分享一些曾经接受过自己付费指导或课程学习的用户，在商业领域取得显著进步的真实故事。比如，有学员在博主的指导下，成功搞定创业融资，实现了公司业务的快速扩张；或是在首次创业遭遇亏损的新人，通过学习博主的课程，优化了商业模式，成功走出财务危机。通过详细呈现这些案例的前后对比、具体实施过程以及学员的真实反馈，让新用户直观看到付费投入能够带来切实的商业回报，从而完成从关注到信任，再到愿意付费的转化过程。

3.4 掌握爆款选题罗盘，AI助你赢下流量战争

◆ 五大策略，根治你的选题焦虑症

在内容创作中，选题是决定成败的关键。好的选题不是偶然，而是经过深思熟虑的结果。以下是5种高效率的爆款选题策略，帮助你摆脱选题焦虑，找到可持续的创作方向。

1. 热点追踪法

通过借势热点事件、节日或流行趋势，快速吸引流量，提升内容传播力。掌握这一方法，创作者可以轻松抓住用户注意力，为账号带来更多曝光度和互动机会。

·实施步骤

（1）确定热点来源：关注微博热搜、抖音热点榜、百度热榜等平台。选择与自身领域相关的热点，确保内容自然契合。

（2）筛选相关热点：将热点与账号主题结合，结合AI工具创作独特内容。例如，节日热点可以结合产品推广，事件热点可以结合行业分析。

（3）快速发布内容：在热点热度高峰期发布内容，抢占流量先机。

案例：卡塔尔世界杯期间，一位手工博主用黏土制作了32支参赛球队的吉祥物，融入球队特色元素（如队服颜色、标志性球星形象），吸引了球迷和手工爱好者，视频播放量突破百万。

2.用户需求导向法

通过分析粉丝评论和私信，提炼高频问题，整理成问题清单，并以此为基础创作内容，解决用户痛点，提升内容实用性和吸引力。

· 实施步骤

（1）收集用户反馈：定期查看粉丝评论、私信和社群讨论，记录用户提出的问题。

（2）提炼高频问题：将用户反馈分类整理，用DeepSeek、腾讯元宝、豆包AI等大模型筛选出出现频率最高的问题。

（3）制作解决方案：围绕高频问题，创作针对性内容，提供实用建议或操作指南。

案例：一位家居收纳博主收到大量粉丝询问"小户型如何增加收纳空间"，于是制作了一系列视频，介绍利用床下空间、墙面空间、角落空间等进行收纳的方法，并推荐实用工具。视频发布后，收获大量点赞和评论，粉丝纷纷表示实用。

3.竞品分析法

通过关注同领域的优质账号，分析其爆款选题和内容形式，借鉴成功经验并结合自身特点，创作出更具吸引力的内容。这里要牢记的是差异化不是模仿，而是用你的视角重新定义成功。

· 实施步骤

（1）筛选优质账号：在自身领域内，关注粉丝量大、互动率高、内容质量佳的账号。

（2）分析爆款内容：将对标账号的选题、文案输入AI工具，研究其爆款选题、内容形式、表达方式及用户反馈，总结成功规律。

（3）发挥个人优势：在借鉴的基础上，融入个人特色或独特视角，创作差异化内容。

示例：在宠物领域，某头部博主发布的"宠物搞笑瞬间合集"播放量很高。我们可以借鉴其思路，结合自身养宠经验，推出"我家猫咪的奇葩行为大赏"，拍摄猫咪独特有趣的日常行为，增加账号趣味性和吸引力。

4.关键词拓展法

通过在搜索框输入行业关键词，查看综合、最热分类中的高赞笔记，借助关联词拓展选题方向，创作针对性内容，满足用户需求。

·实施步骤

（1）输入核心关键词：在搜索框输入与自身领域相关的核心关键词（如"育儿"）。

（2）分析关联词：查看下拉栏或关联词推荐，挖掘用户关注的热点话题，同时结合AI工具扩展热门话题。

（3）筛选高赞笔记：查看综合、最热分类中的高赞笔记，分析其选题角度和内容形式。

（4）拓展选题方向：结合关联词和高赞笔记，确定具体的创作方向。

示例：搜索"育儿"时，下拉栏出现"育儿知识新手爸妈必看"，育儿博主可以围绕新手爸妈常见困惑（如宝宝睡眠问题、辅食添加问题）制作详细科普教学，帮助其解决实际问题。

5.算法推荐分析法

通过频繁搜索特定领域关键词，引导平台算法推荐优质内容，分析其选题方向和创意亮点，结合自身特点创作差异化内容，吸引目标用户关注。

·实施步骤

(1)搜索关键词：在平台搜索框输入与自身领域相关的核心关键词（如"风光摄影技巧"）。

(2)引导算法推荐：通过多次搜索和浏览相关内容，让算法精准推荐优质视频或笔记。

(3)分析选题和创意：研究推荐内容的选题角度、创意亮点和表现形式，总结成功规律。

(4)结合自身特点创作：在借鉴的基础上，融入个人经验和风格，创作独特内容。

示例：摄影爱好者经常搜索"风光摄影技巧"，抖音算法推荐相关视频，爱好者从中学习"日出日落拍摄技巧""如何选择最佳拍摄地点"等选题方向，结合自身拍摄经历和风格，创作独特摄影教学视频，吸引其他摄影爱好者关注订阅。

爆款选题罗盘

◆ 三步筛选，告别无效选题

通过"爆款选题罗盘"的五大策略，你可以轻松摆脱选题焦虑，找到可持续创作的方向。而三步筛选法则能帮助你精准识别选题，打造属于自己的爆款内容。

1.能否引发情绪波动

情绪是选题的灵魂，能让用户忍不住点击。选题得能激起大家的好奇心、焦虑感，或者引起共鸣，才能吸引观众。

就像"30天让英语脱口而出？这5个秘诀藏不住了！"，学英语的人看了肯定好奇，想知道到底是啥秘诀。

2.匹配账号三要素

这里的"三要素"就是人群、场景、痛点。比如，母婴类账号针对的就是宝妈群体，在育儿的场景下，解决宝宝睡眠问题的选题就特别合适，宝妈们肯定感兴趣。

3.是否具备信息增量

得给观众提供新观点、新数据或者新角度，让大家看了能学到东西。比如，科普账号提出"防晒霜涂抹顺序影响防晒效果80%"这么个新观点，观众一看，"咦，还有这种说法？"就瞬间被吸引住了。

关于选题这件事，看再多选题方法，都不如亲自实践选题一次。现在，拿起你的"爆款选题罗盘"，开启你的创作之旅吧！

3.5 商业文案写作：从目标到情感的写作系统

商业文案是品牌与消费者之间的桥梁，更是情感的传递和价值的体现，其写作过程也并非简单的文字堆砌，而是经过目标锚定、情感注入和精准表达后的"工业化作品"。

◆ 目标层

1.明确目标

写文案之前，最重要的就是想清楚自己到底"为什么而写"。

如果你的目标是提升品牌知名度，就要化身讲故事的高手，把品牌的独特魅力展现出来，就像小米发布小米SU7 Ultra汽车的时候，创始人雷军先生在台上分享造车技术的突破历程，分享打破赛道数据的艰难，让大伙都知道它的创新，曝光度一下子就上去了。

同样的，如果你的目标是刺激消费，就要直截了当地戳中消费者的需求。比如，电商平台的"今日下单，立省100元，仅限前100名"，用限时优惠和数量限制制造紧张感，消费者的购买欲一下子就被勾起来了。

2.了解用户

用户的每一个需求，都是你文案创作的灵感来源。你可以借助大数据分析用户行为或直接与用户对话，洞察其真实需求。例如，针对年轻游戏爱好者的无线耳机，文案可突出"专业级声学芯片，清晰捕捉脚步声与枪声，赛博风外观设计，彰显个性"，精准满足其对性能和外观的双重需求。

3.突出差异

差异化是文案的核心竞争力，能让你的产品在众多竞品中脱颖而出。在竞争激烈的市场中，对比同行竞品，你的文案需聚焦产品最独一无二的卖点。例如，OPPO闪充技术的"充电5分钟，通话2小时"，就是通过差异宣传放大优势，让产品爆火的典型案例。

◆ 情感层

1.传递情感

情感是文案的"调味剂"，能让你的文字更有味道。

（1）护肤品文案："让你的肌肤重焕青春光彩。"传递对美的追求。

（2）宠物用品文案："给'毛孩子'的贴心呵护。"传递对宠物的关爱。

（3）鲜花电商文案："一束花的仪式感，永远不会过时。在这个浪漫的日子里，为Ta送上象征永恒爱意的玫瑰，让爱不再沉默。"激发消费者对浪漫爱情的渴望。

2.营造场景

场景是文案的"舞台"，能让用户身临其境。你一定要学会用文字构建生动的场景，让用户感觉自己就在那里。

（1）早餐麦片文案："忙碌的早晨，一杯牛奶加上香脆的麦片，开启活力满满的一天。"唤醒用户对早餐的记忆。

（2）旅行民宿文案："在宁静的古镇，推开木质窗扉，清新的空气扑面而来，远处是潺潺的溪流和错落有致的古桥。在这里，远离城市的喧嚣，泡一壶清茶，读一本好书，享受属于你的慢时光。"描绘悠闲度假场景，吸引用户向往。

3.调动感官

感官描写是文案的"放大镜"，通过五感（视觉、听觉、嗅觉、味觉和触觉）描写，能让用户更真切地感受到你的产品。

巧克力文案："丝滑的口感，浓郁的可可香气在口中散开。"从触觉、味觉和嗅觉切入，激发用户食欲。

咖啡文案："轻抿一口，醇厚的咖啡在舌尖舞动，微微的苦涩后是悠长的回甘，伴随着弥漫在空气中的烘焙香气，每一口都是对疲惫灵魂的温柔慰藉。"融合味觉、嗅觉与情感，提升用户体验感。

◆ 内容层

1.信息可视化

直观是文案的生命，我们必须确保用户在看到文案的第一眼，就能准确理解文案所传达的核心内容。

某空调文案：将"高效节能"转化为"比普通产品省电50%"。

空气净化器文案：1小时净化200立方米空气，快速去除甲醛、PM2.5等污染物。直观呈现产品优势。

2. 善用技巧

通过比喻、类比等手法，能够有效降低用户的理解成本，使用户快速理解产品功能。

将互联网比作"信息高速公路"，将云计算服务形容为"云端的超级储物间"。

将人工智能语音助手类比成"你的专属私人秘书，24小时随时待命，查询资料、设置提醒、播放音乐，只需一句话"。

3. 制造记忆点

记忆点是品牌文案的标签，能让用户记住你。

农夫山泉的"农夫山泉有点甜"，巧妙借用中文语境中"甘泉"的文化意象，暗示水源的天然优质。

小米的"为发烧而生"，通过"发烧"一词既突出高性能定位，又暗含年轻群体对科技的热情。

养乐多的"活力满满，每天养乐多"，用"活力"直击健康饮品核心卖点，搭配重复句式强化传播节奏，成为消费者对健康生活的联想标签。

◆ 检验层

1. 打破"知识的诅咒"

避免使用大量的专业术语，尽量用通俗易懂的语言来传递复杂概念。例如，可以将"量子加密技术"解释为"给信息加上一把坚固的锁"。

2. 通过A/B测试验证文案效果

设计两个不同版本的文案，分别发送给一小部分用户，收集他们的反馈和数据，选择效果更好的版本进行大规模传播。

3.设置传播校验点

在长文案中加入"记忆钩子",如数字标桩(第一、第二、第三)或重复韵律(如蜜雪冰城的"你爱我,我爱你,蜜雪冰城甜蜜蜜"),以增强用户的记忆效果。

3.6 三幕写作法：爆款内容的戏剧化方程式

许多人第一次使用AI工具时，往往感到困惑，不知道该如何着手创作，如何整理全文结构。今天分享我最常用的三幕写作法，和AI工具协作，能够快速产出适配各个平台的内容。

◆ 开篇破局

好的文章开篇就如同一个钩子，得足够吸引人，才能让用户"上钩"。

怎样写出一个引人入胜的开篇呢？我的答案很简单，就是巧妙组合"反常识观点、视觉冲突和悬念提问"这三大核心元素。

1. 反常识观点：打破常规，激发好奇心

反常识观点就像在平静的湖面投下一颗石子，瞬间激起层层涟漪，打破读者的惯性思维。

当人们看到与固有认知相悖的观点时，内心自然会产生疑问和好奇，驱使他们继续阅读以寻找答案。

例如，一篇关于减肥的文章开篇写道："越努力减肥的人，反而越难瘦！"

这种反常识的观点会立刻抓住读者的注意力，激发他们的探究欲，让他们忍不住想知道：为什么努力反而适得其反？背后隐藏着怎样的科学原理？

通过设置反常识观点，你的开篇将成为一个强有力的"思维钩子"，让读者无法移开视线。

2.视觉冲突：用画面感强化冲击

视觉冲突通过鲜明的对比画面，给读者带来直观的视觉冲击，迅速抓住注意力并增强内容的记忆点。

人类大脑处理图像信息的速度远快于文字，因此，具有冲击力的画面能让读者快速沉浸于文章营造的情境中。

例如，"一位西装革履的CEO在街头卖煎饼"这一画面，通过强烈的视觉反差，瞬间激发读者的好奇心：这位CEO为何放弃高薪工作？他的煎饼摊背后藏着怎样的故事？

通过设置视觉冲突，你的开篇将成为一个引人入胜的"情境钩子"，让读者迫不及待地想要了解更多。

3.悬念提问：勾起好奇心，引导阅读

悬念是内容中的"强力钩子"，能够紧紧抓住读者的注意力，让他们欲罢不能。

例如，在一篇关于职场效率的文章中，开篇写道："每天加班到深夜，为什么工作效率反而越来越低？"接着展示一个画面：一位疲惫的白领在堆满文件的办公桌前埋头苦干，旁边的咖啡杯已经空了五六个。最后抛出问题："是时候重新审视你的工作方式了，但你敢面对真相吗？"

这样的开篇，既有反常识观点引发思考，又有视觉冲突增强画面感，再加上悬念提问的层层引导，读者会不由自主地想要一探究竟。以下是几个完整示例，帮助你更好地掌握这一技巧。

知识类（健康养生）

反常识观点："每天喝八杯水可能会伤肾！"这可打破了大家对健康饮水的常规认知，读者一看，心里肯定犯嘀咕。

视觉冲突：一边放过量饮水导致水肿的身体状态图，另一边是正常饮水的健康状态图，对比特别鲜明。

悬念提问："那每天到底该喝多少水才健康呢？"这问题一问，读者好奇心就被激发出来，忍不住想接着读。

种草类（数码）

反常识观点："百元国产耳机音质吊打千元国际大牌！"直接打破消费者对价格和音质关系的固有认知。

视觉对比：把昂贵耳机和百元耳机的拆解图放一起，对比内部构造，让大家看到平价耳机的实力。

悬念提问："你知道它凭什么能吊打吗？"这么一问，读者的好奇心就被勾起来了，就想多了解了解这个产品。

◆ 中段设计

中段是文章的"心脏"，得让用户觉得"值得看"，其核心在于提供实用价值并建立信任感。通过"极简步骤×效果实锤×群体验证"的组合，确保读者愿意继续阅读并付诸实践。

1. 极简步骤：降低行动门槛

提供简单易懂、易于操作的步骤或方法，让读者能够轻松上手。在信息过载的时代，读者更倾向于获取快速实用的知识，复杂的内容容易让人失去耐心。

・示例（烹饪类）

步骤：①热锅冷油，②放入葱姜爆香，③倒入食材翻炒。

效果：展示色香味俱全的菜肴成品图。

信任强化："100位美食爱好者亲测，都说简单易做又好吃。"

2.效果实锤：用事实说话

通过具体数据、案例或直观展示，证明方法或产品的有效性。事实胜于雄辩，真实的效果能显著提升内容的可信度。

・示例（家居清洁类）

步骤：①倒入清洁泡腾片，②静置10分钟，③用刷子轻刷。

效果：展示清洁前后马桶的对比图。

信任强化：用户留言"真的太好用了，马桶焕然一新。"

3.群体验证：借助他人背书

利用他人的真实体验和反馈，进一步增强内容的可信度。人们在决策时往往受他人意见影响，看到大量正面评价后，读者更容易信任并尝试。

・示例（知识类）

步骤：提供清晰的职场晋升技巧。

效果：展示成功案例和数据。

信任强化："500多位职场人亲测有效，助力升职加薪。"

◆ 结尾升华

结尾是文章的"终点"，但更是用户行动的"起点"。我们通过"零成本指令×即时奖励×社交裂变"的组合，可以让文章的传播效果最大化，激发读者主动分享和参与。

1. 零成本指令：降低行动门槛

提供简单到无需思考的行动指令，让读者轻松迈出第一步。

知识类："点赞收藏，下次面试前拿出来复习！"

种草类："点击关注，解锁更多穿搭灵感！"

2. 即时奖励：激发行动欲望

提供即时可得的奖励，激励读者立即行动。

知识类："私信'晋升秘籍'，领取独家面试技巧资料。"

种草类："评论区抽取5人送时尚丝巾。"

3. 社交裂变：借助社交网络扩大传播

引导读者分享内容，借助社交平台的力量实现二次传播。

知识类："@你正在找工作的朋友，一起逆袭职场。"

种草类："分享给闺蜜，一起成为时尚达人。"

若您对文字内容尚未完全理解，这张总结图将帮助您快速掌握核心内容。

三幕写作法：爆款内容的戏剧化方程式

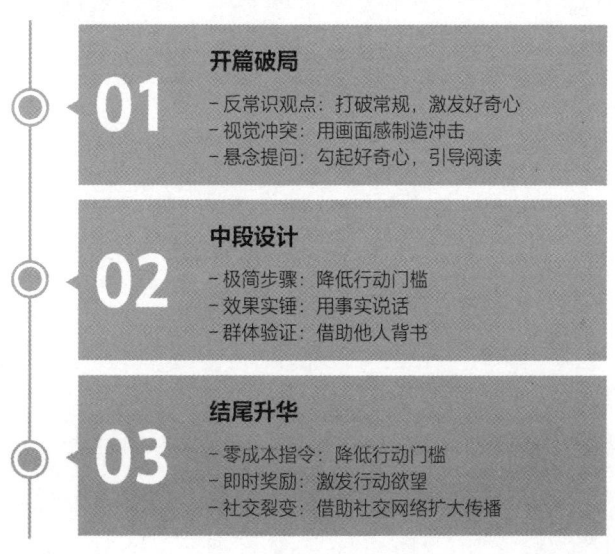

◆ 成长指南

以下3种方法,可以帮助你搭建属于自己的写作成长体系。

1.构建故事素材库

记录身边人的转变时刻、有趣经历和成功案例,这些真实故事能让内容更具吸引力。例如,朋友通过健身成功减肥的经历,可用于健康类文章。

2.打造模板卡片库

将常用写作结构(如单核穿透结构、心得式框架)存入手机备忘录,随时参考以提高写作效率。写观点文时围绕一个核心观点层层深入。

3.设定灵感孵化期

每天固定15分钟浏览优质内容(如公众号文章、微博热门话题、小红书笔记),从中汲取灵感并学习写作技巧。

3.7 30秒解锁流量密码，AI爆款标题创作速成法

你是否曾在浏览小红书或公众号时，被某些标题吸引，不由自主地点进去？

你是否曾满怀期待地使用DeepSeek生成了数百条标题，却始终没有找到那一个令你满意的"答案"？

你是否思考过爆款标题背后隐藏着怎样的创作逻辑？现在我要把从几千条作品里挖出来的打造高流量标题的心法分享给你。

◆ 从人性到算法，解锁标题速成法

1.巧用人性弱点

恐惧心理：利用人们对脱发、衰老、失业等问题的恐惧，吸引关注。例如，《30岁前不做这3件事，35岁失业风险翻倍》会精准戳中职场人的焦虑点。

贪婪心理：满足人们追求高效、低成本的心理。例如，《每天10分钟，3个月练出马甲线》让读者觉得目标触手可及。

虚荣心理：满足人们渴望被羡慕的心理。例如，《小众高级感穿搭，被

追着问链接》可以激发读者的购买欲望。

懒惰心理：迎合人们追求轻松高效的心理。例如，《三步搞定！DeepSeek偷懒神器》吸引读者点击了解学习工具。

2.贴合算法，轻松获流量扶持

关键词前置：在标题前10个字中嵌入1—2个赛道关键词，便于算法识别和推送。例如，《自媒体人必看 | 5分钟学会AI剪辑神技》。

蹭热点技巧：借助节日、热搜事件等热点素材。例如，《高考后必做5件事 | 过来人血泪总结》。

互动率暗示：使用"你""我"等人称代词，拉近与读者的距离。例如，《你还在无效护肤？这3招让我烂脸逆袭》。

◆ 从模仿到原创，4个阶段提升写作力

阶段1：小白搬运工

使用"爆款标题三明治法则"：痛点/热点词+解决方案+情绪符号。例如，将《2025自律计划》改为《2025自律逆袭 | 摆烂后我靠这5招重启人生》。

阶段2：流量词猎手

挖词：借助工具提取赛道Top100笔记的高频词。

分类：将高频词按人群、痛点、场景、效果等分类。

混搭：随机组合不同类别的词，生成新标题。例如，《大学生信息差捞钱术 | 这5个野路子老师绝不告诉你》。

阶段3：人性洞察者

使用A/B测试法优化标题。例如，A标题《5个穿搭技巧显瘦10斤》，B

标题《微胖MM救命穿搭！同事问我是不是瘦了20斤》，测试发现B标题点击率更高。

阶段4：标题制造机

使用跨赛道杂交标题法，将A赛道的痛点与B赛道的解决方案结合。例如，《同事偷你功劳？高情商反击话术照抄就行》。

◆ 场景化组合拳：不同内容适配公式

1. 干货教程类

公式：人群+痛点+解决方案+权威背书

示例：《会计新人别慌！Excel快捷键大全（附500强内部资料）》

2. 好物推荐类

公式：场景+效果+稀缺性

示例：《摄影小白直出大片！这个相机滤镜我求你别停产》

3. 成长复盘类

公式：时间+逆袭对比+方法论

示例：《失业一年到涨薪50% | 我的3条求职法则》

4. 情感共鸣类

公式：痛点提问+群体认同+治愈感

示例：《INFJ人格的你是不是总讨好别人？做这3件事停止内耗》

◆ 灵感枯竭别慌！这几招帮你原地复活

1.随机生成法

我们可以随机组合3个词生成标题。例如"大学生"+"信息差"+"搞钱"，《大学生信息差搞钱术｜这5个野路子老师绝不告诉你》。

2.影视话题和人物改编

影视话题和人物是标题的灵感宝库，能让你的内容更具吸引力。例如，《狂飙高启强逆袭语录，职场人给我焊死脑子里》。

3.AI脑暴

AI脑暴是标题的效率工具，能让你的创作更高效。例如，在DeepSeek中输入"生成10个包含'熬夜补救''学生党'的标题"，肯定会得到让你惊喜的答案。

标题是你的"流量密码"，掌握利用人性弱点、贴合算法规则，以及灵活运用场景化公式的技巧，你的内容一定会更具吸引力。

第四章

短视频引流：
零基础缔造爆款实战指南

4.1 解读短视频四大内容形式

◆ 真人口播

真人口播是指创作者直接面对镜头表达观点,通过语言、表情和肢体动作传递信息。这种形式在知识分享、情感话题、产品测评等领域尤为常见,因其真实感强,能迅速引发观众共鸣。

1. 制作流程

(1)脚本设计

语速控制:正常语速约为每分钟120—150字,需根据内容调整节奏。复杂知识可放慢语速,增加解释;轻松话题可加快语速,增强流畅感。

内容结构:合理安排句子长短,确保逻辑清晰,重点突出。

(2)拍摄准备

设备选择:使用补光灯确保光线均匀,避免阴影;手机支架保证画面稳定和人物构图美观。

背景布置:选择简洁背景(如纯色墙面)或与主题相关的简单场景,避免分散观众注意力。

（3）表现训练

眼神聚焦：直视镜头，模拟与观众面对面交流，减少眨眼频率，展现自信。

手势运用：通过自然手势突出文案重点，增强表达感染力。

2. 核心优势

（1）人格化IP塑造

真人口播能充分展现创作者的个性和风格，塑造鲜明的人格化IP，显著提升粉丝黏性。

（2）制作成本低效率高

单条视频制作时间通常控制在20分钟以内，适合个人创作者或小团队，成本优势明显。

3. 潜在短板

（1）表情管理要求高

新手常因紧张而表情僵硬，重拍率（NG率）可达50%以上，需通过反复练习来克服镜头恐惧，提升表现力。

（2）内容同质化严重

在知识分享、产品测评等领域，选题重复率超过70%。创作者需挖掘独特视角，打造差异化内容，以提升竞争力。

4. 优化方向

提升表现力：通过模拟练习和反馈改进，增强镜头前的自然感和感染力。

差异化内容：聚焦细分领域，结合个人经历或独特观点，打造专属内容风格。

互动增强：在视频中设置互动环节，如提问或投票，提高观众参与度。

通过优化脚本设计、提升表现力及打造差异化内容，真人口播类短视频可在竞争激烈的市场中持续吸引观众，实现长期发展。

◆ 编辑配音

编辑配音是通过剪辑素材并配以解说来制作的短视频形式，广泛应用于影视解说、科普教育等领域。创作者将电影、电视剧等素材剪辑后，加入有趣的解说配音，向观众传递精彩内容。

1.制作流程

（1）素材采集

优先选择免费商用素材，避免版权纠纷。

也可通过合法渠道购买正版素材，但成本较高。

（2）节奏把控

关键画面停留1—2秒，确保观众看清内容。

每7—10秒设置一个转折点（情节或观点变化），保持观众兴趣。

（3）AI工具应用

语音合成：如Azure Neural TTS、NaturalSpeech，可生成自然流畅的配音。

智能剪辑：如Autocut、FunClip、Haiper，能自动调整视频节奏，提升制作效率。

2.核心优势

（1）产能优势

通过分工协作（素材采集、剪辑、配音），1—2人团队每日可产出多达100条视频，效率极高。

（2）信息密度高

相比真人口播，编辑配音能在相同时间内传递更多信息，信息密度提升50%。通过精心剪辑和快速解说，将大量信息压缩至短视频中。

（3）试错成本低

若视频出现问题，只需修改素材或配音，无需重新拍摄，节省时间和成本。

3.发展瓶颈

（1）账号辨识度低

编辑配音类内容形式单一，缺乏鲜明个人特色，用户难以记住账号，影响长期发展和粉丝积累。

（2）算法适应性弱

编辑配音类视频完播率通常低于真人出镜类，因算法更倾向推荐互动性强的内容，而此类视频即时互动性较弱，影响平台曝光和推荐。

（3）内容深度受限

受限于视频时长和简洁表达，难以深入讲解复杂概念，内容深度和广度受限。

4.优化方向

提升辨识度：通过独特解说风格、专属片头片尾设计，增强账号辨识度。

增强互动性：在视频中设置互动问题或引导评论，提升用户参与度。

深耕垂直领域：聚焦特定主题，提升内容专业度，吸引精准用户群体。

通过优化制作流程、提升内容质量，编辑配音类短视频可在竞争激烈的市场中持续发挥其高效、高信息密度的优势。

◆ 情景演绎

情景演绎是通过剧本化表演传递信息的内容形式，涵盖搞笑短剧、情感剧场等多种形态。搞笑短剧以幽默剧情和夸张表演吸引观众；情感剧场通过细腻表达和真实场景引发共鸣；同时，情景演绎能自然植入产品信息，让观众在观看剧情时潜移默化地接受广告内容。

1.制作流程

（1）剧本结构

采用"三段式"结构。

铺垫：设定场景和人物关系，为剧情发展奠定基础。

冲突：制造矛盾冲突，吸引观众注意，激发好奇心。

解决：合理解决冲突，提供圆满结局，满足观众期待。

（2）表演训练

眼神戏：通过眼神变化传达人物情感和内心世界。

台词节奏：台词需精炼易懂，确保剧情紧凑且易于理解。

（3）场景搭建

低成本制作可采用绿幕加虚拟背景的方案，将演员表演与虚拟场景结合，提升观看体验和内容吸引力。

2.核心优势

（1）传播爆发力强

精彩的情景演绎短视频易于引发"病毒式"传播，在短时间内获得大量关注和分享。

（2）商业价值高

产品能自然融入剧情，观众对广告植入接受度更高，为品牌合作和商业变现提供更多机会。

（3）商业延展性强

可发展系列IP（如"霸道女总裁"系列），通过持续推出新剧情来吸引观众长期关注。

3.发展瓶颈

（1）团队配置要求高

至少需要编导、演员、后期3人团队，成员需密切配合以保证视频质量和制作效率。

（2）时间成本高

单条视频制作周期通常为8—12小时，涵盖剧本创作、演员排练、现场拍摄和后期制作，对团队的时间管理和资源调配提出较高要求。

（3）创意持续性挑战大

情景演绎账号的生命周期中位数约为8个月。随着观众审美提升和市场竞争加剧，如何持续产出新颖有趣的剧情是创作者面临的主要挑战。

4.优化方向

提升团队协作效率：通过标准化流程和工具优化，缩短制作周期。

深耕垂直领域：聚焦特定主题，打造差异化内容，增强用户黏性。

创新内容形式：尝试与其他内容形式（如互动视频）结合，提升创意持续性。

通过优化制作流程、强化创意能力，情景演绎类内容可在竞争激烈的短视频市场中持续发挥其独特优势。

◆ 图文类

图文类是通过将静态图片、动态特效与背景音乐有机结合而成的一种内容形式。在小红书、公众号等平台上,图文类凭借简洁美观的视觉设计、轻松易懂的内容表达,成功吸引了大量用户关注。

1.制作流程

(1)工具选择

推荐使用Canva、稿定设计、创客贴等工具,这些工具拥有丰富的模板和素材库,简单易上手。创作者只需选择合适的模板,替换文字图片,即可快速制作出高质量的图片。

(2)视觉规范

文字比例:文字内容占屏幕比例不宜超过30%,以确保画面简洁美观,避免因文字过多导致视觉混乱。

字体设计:字体颜色与背景的对比度不能太低,字号不能太小,以保证文字清晰易读,提升用户的阅读体验。

排版布局:采用合理的图文排版,突出重点信息,避免信息过载。

(3)节奏设计

页面停留时间:单页停留时间建议控制在2—3秒,为用户提供足够的阅读和欣赏时间。

音乐搭配:选择节奏感强的背景音乐,并根据音乐节奏切换画面,增强视频的节奏感和吸引力。

2.核心优势

（1）制作门槛低

图文类短视频对创作者的技能要求较低，只需掌握基础的图片处理和AI创作能力，结合工具和模板即可快速完成内容制作，特别适合初学者和个人创作者。

（2）平台适配性强

图文类简洁美观的视觉效果和轻量化的内容形式，与小红书、公众号等平台的用户偏好高度契合，容易获得较高的曝光量和关注度。

（3）长尾效应显著

优质的图文类内容具有较长的生命周期，即使发布较长时间后，仍可能通过搜索被用户发现，为账号带来持续流量和关注。

3.发展瓶颈

（1）用户黏性较低

相对于视频内容，图文类内容的互动性较弱，用户与创作者之间的交流较少，用户忠诚度相对较低。

（2）商业变现困难

与情景演绎、真人口播等形式相比，图文类在传递产品信息和实现商业转化方面效果较弱，广告合作机会相对有限。

（3）内容深度受限

受限于画面和文字篇幅，图文类短视频通常只能传达简单、直观的信息，在内容深度和专业性方面存在一定局限性。

4.优化建议

增强互动性：通过评论区互动、问答等形式，提升用户参与感，增强粉丝黏性。

丰富内容形式：尝试将图文类内容与其他形式（如短视频、直播）结合，提升内容的吸引力和变现能力。

深耕垂直领域：聚焦特定领域，提升内容专业度，吸引精准用户群体，增强账号的商业价值。

读到这里，估计你对真人口播、编辑配音、情景演绎和图文类这四种主流短视频形式已经很清晰了。那真要开始创作的时候，到底该怎样选呢？

我说说我的想法。如果你是打造专业型IP，真人口播绝对是冷启动阶段的首选。为啥呢？它成本低，花不了多少钱，拍摄周期也短，没那么多弯弯绕绕。而且还能把你自己的个性、风格展现出来，打造出独特的人格化IP，让大家记住你。

如果你暂时不想出镜，只是想分享经验和带货，就可以试试图文或图文类短视频，这类内容创作门槛低，只要有点基础就能上手，而且内容形式简单轻松，能吸引好多不同类型的受众。

为了一直保持竞争力，我们每周都可以做A/B测试。就是分别用不同的短视频形式将产品介绍等内容发布出去，然后对比播放量、转化率这些数据，看看哪种形式效果最好，根据结果调整内容策略。

没有哪种内容形式是十全十美的，只有找到最适合自己和目标受众的，才是成功打造IP的答案。

4.2 七大主流视频类型剖析

◆ 知识科普类

在信息爆炸的时代，我们被海量信息包围，逐渐出现"信息饥渴症"，渴望在零碎时间获取有用知识，缓解知识焦虑。知识科普类短视频应运而生，成为人们获取知识的重要途径。以下是几种常见的科普主题。

硬核科技：如"无穷小亮的科普日常"通过简洁动画与幽默讲解，将无人机飞行原理（如升力产生、动力系统运作）直观呈现，让观众轻松理解复杂科技知识。

生活百科：如"老爸评测"通过专业检测与讲解，科普常见食品添加剂的安全性，帮助观众在日常生活中做出更健康的饮食选择。

文化解读：如"意公子"在讲解古诗词时，融入时代背景与诗人生平，以通俗幽默的语言展现诗词背后的文化魅力，仿佛带观众穿越时空与古人对话。

技能教学：如"秋叶Excel"通过系列短视频教程，从基础函数到复杂数据处理技巧，提升职场人办公效率；"摄影笔记"通过实操演示与技巧讲解，帮助零基础用户快速掌握手机摄影精髓。

要让知识科普类短视频更具影响力，创作者可从以下几方面优化。

构建"知识三明治"结构：先确定核心知识点，再用具体案例详细解释，最后给出行动建议，引导用户将知识应用于生活。

提供价值增量：科普时传递独特价值，如解读最新研究成果、引发情感共鸣，或借助VR、AR技术，为用户带来新奇体验。

建立可视化知识图谱：利用动画、图表、思维导图等工具，直观呈现复杂知识体系，提升传播效率，帮助用户理解知识关联。

设置认知冲突点：用"99%的人不知道……"等话术，打破用户原有认知，激发好奇心与求知欲，提高视频观看率与分享率。

◆ 访谈对话类

人在观看深度访谈时，大脑颞顶联合区的活跃度会大大提升，这一区域负责处理社交信息与理解他人心理状态。

这种"替代性社交体验"让用户仿佛置身对话中，与被访谈者深度交流思想和情感。正因如此，访谈对话类短视频迅速走红，其内容形式多样。

名人对话：与知名创业者探讨创业挑战、机遇与决策，如与张一鸣讨论互联网行业趋势与产品创新；访谈艺术家，探究其绘画技巧、艺术风格与作品背后的思想。

素人故事：如北京青年×凉子访谈录，展现普通人对梦想的执着与生活的人物群像。

街头采访：针对政策出台、电影上映等热点，随机采访路人，收集大众观点；设置"改变过去"等人生选择题，激发思考，展现多样生活态度。

圆桌讨论：如Z世代婚恋观讨论，围绕恋爱消费、择偶标准等话题，展现年轻一代的婚恋观；职场真相圆桌讨论，资深从业者分享晋升经验与职场潜规则，为职场人提供参考。

要制作吸引人的访谈对话类短视频，创作方法至关重要。

问题设计金字塔：从表面事实切入，深入情感，最后引导被访谈者分享人生哲理与行业见解，提升访谈深度。如易立竞的压迫式追问，问题直击要害，充满戏剧张力。

构建"对话节奏曲线"：交替提出尖锐问题与安排温情时刻。尖锐问题引发思考，营造紧张氛围；温情时刻分享温暖故事，缓解气氛，增强情感共鸣。

开发特色场景：选择独特场景拍摄，如用移动采访车在不同城市街头、景点采访，或打造主题空间站访谈，增加趣味性与新鲜感。如曹导的跟随式拍摄，记录被访谈者生活工作场景，营造沉浸感。

运用微表情特写：捕捉被访谈者手部颤抖等细微动作及眼神变化等细微表情，用特写镜头展示，反映其真实情感与内心想法，增强内容感染力与可信度。

◆ 搞笑娱乐类

在快节奏、高压力的生活中，人们如同背负重担前行，工作与生活的压力如影随形。搞笑娱乐类短视频如同一剂"良方"，为人们提供了释放压力、放松心情的出口，这类短视频在内容表达上最为丰富多彩。

职场吐槽：模仿领导冗长空洞的发言与员工心不在焉的状态，引发职场人共鸣；夸张呈现同事在办公室的迷惑行为，如大声喧哗、随意拿取他人物品，令人忍俊不禁。

情景反转：开头展示一位看似落魄的老人在高档餐厅外徘徊，被服务员嫌弃，结果点餐结账时服务员发现他是大富豪，身份反差瞬间让观众错愕。

为提升搞笑效果，吸引更多用户，创作者可从以下几方面优化。

遵循"3秒定律"：开头3秒用搞笑画面、幽默台词等元素抓住用户注意力，避免用户快速划走。

设计可预期的意外：如"整蛊朋友"视频中，被整蛊者反整蛊他人，增加趣味性。

塑造鲜明角色IP人格：如"傻白甜""段子手"等，保持角色性格与行为的一致性，提升账号辨识度与粉丝黏性。

紧跟社会热点：结合搞笑元素创作，如热门电影上映或网络热梗出现时，迅速制作相关内容，借助热点吸引关注。

◆ 才艺展示类

抖音、视频号等平台如同一座便捷的线上舞台，打破时空限制，让每个人都有机会成为主角，尽情展示独特才艺，并通过多样化的表现形式吸引用户目光。

创意混搭：在艺术领域，将不同形式创意结合，创造独特感官体验。例如，将中国水墨画与现代电子音乐融合，画家随音乐节奏挥毫泼墨，实现传统与现代、绘画与音乐的完美结合；武术表演加入特效，如轻功、内功特效，丰富观众视觉体验。

技艺传承：才艺展示类短视频是传承传统文化的重要平台。如通过短视频展示蜀绣从设计、选料到刺绣、装裱的全过程，展现其独特魅力与文化内涵；越剧短视频展示唱腔、表演与服饰，为传统戏曲注入新活力。

极限挑战：极限挑战类才艺展示体现个人勇气、毅力与极限能力，能吸引大量关注。例如，滑板爱好者挑战高难度"尖翻"动作，在空中完成360度翻转并精准落地；画家几分钟内画出栩栩如生的人物肖像，展现深厚绘画功底。

才艺展示类短视频能收获大量关注，背后有独特的传播秘诀。

打造记忆锚点：设计标志性动作、服饰或BGM，如舞蹈创作者穿红色服装、拥有独特开场动作与特定音乐，让用户一看到这些元素即联想到创作者及其才艺，提升账号品牌影响力。

构建难度梯度：推出从入门到精通的系列教学视频，为初学者提供基础教学（如舞蹈基本步伐、绘画线条练习），为进阶用户提供高级技巧与创意教学（如舞蹈编舞、绘画色彩运用与构图方法），吸引用户持续关注学习，培养忠诚度。

◆ **情感共鸣类**

在当今社会，孤独感日益普遍，情感共鸣类短视频成为人们寻求精神慰藉的重要渠道。其内容主要包括以下几个方面。

成长叙事：如"北漂日记"讲述年轻人初到北京，历经面试挫折却坚持追梦，最终找到理想工作的故事；"抗癌记录"分享患者乐观面对治疗，感悟生命珍贵的心路历程。

社会观察：关注留守老人，记录老人独自生活、盼子女回家的场景，以及过年团聚的温馨与心酸；外卖小哥主题展现暴雨天坚守岗位、获得顾客感谢的暖心瞬间。

治愈系：记录小朋友喂食流浪猫的暖心互动；"陌生人关怀"讲述公交车上乘客主动为孕妇让座的温馨场景。

创作情感共鸣类短视频需注意以下要点。

运用"脆弱性法则"：把真实的困境展示出来，让用户感受到创作者的真诚和勇气，增强情感共鸣。

设计"情感钩子"：如用深夜电台式开场白"你是否也有过这样的经历……"，迅速抓住用户情感，吸引观看。

构建UGC（用户生产内容）生态：开展故事征集、树洞计划等活动，鼓励用户分享自己的故事，增强用户的参与感和黏性。

控制情绪曲线：以70%的压抑和冲突情节铺垫，30%的治愈情节收尾，让用户在情感起伏中获得宣泄与抚慰。

表现形式：选用合适的视听语言，如音乐、画面、剪辑等，增强内容的感染力与表现力。

◆ 探店测评类

探店测评类短视频为消费者提供了了解产品和服务的窗口，成为消费决策的重要参考。其内容细分方向如下。

美食猎人：揭秘老字号，如百年面馆的汤底配方、手工制面工艺；打假网红店，揭露虚假宣传。

空间探索：探访小众咖啡馆，分享装修风格、咖啡风味及店主故事；评测山间民宿，关注设施、风景和服务。

服务评测：评测医美机构，从医生资质到术后效果；亲子乐园测评，评价设施安全性和服务质量。

文化地标：介绍故宫书画展，展示历史文化价值；探索文创园区，分享文创产品与艺术氛围。

探店测评类短视频作用显著，它打破了信息壁垒，能够促进市场良性竞争。

提升影响力的进阶策略如下。

建立测评坐标系：从价格、体验、价值多维度测评，对比性价比，关注服务流程与五感体验，挖掘文化附加值。

开发"三幕剧结构"：通过店铺历史或网络传言引发期待，捕捉体验细节，最后给出推荐指数与避坑指南。（具体方法可查看"三幕式写作"）

设计记忆锚点：打造独特记忆点，如博主品尝前的标志性动作或口头禅，便于用户记忆与传播。

构建商业闭环：通过团购链接、定制套餐等方式，将内容与商业结合，提升转化率。

◆ 好物种草类

消费者如今被海量产品信息层层包围，在茫茫"货海"中挑选心仪好物时常常犯难。而此时，好物种草类短视频强势崛起，成为影响消费决策的重要助推力。其内容形式丰富多样。

场景化测评：在办公室场景展示人体工学椅，和普通椅子对比，突出它对腰部、颈部的支撑设计，能缓解久坐的疲劳。在户外场景测评露营装备，展示便携式帐篷搭建方不方便、内部空间怎么样、防风防雨性能如何。

技术流展示：以智能手表为例，拆开展示内部芯片、传感器等构造，讲解工作原理。分析护肤品成分，介绍功效的科学依据。

对比实验：进行防水测试，把两款手机同时放进水里，观察会不会进水、死机。开展承重挑战，测试两款行李箱的承重能力。

解决方案：利用多功能收纳家具改造狭小的卧室，增加储物空间。推荐时间管理App，展示怎么提升工作学习效率。

好物种草类短视频的转化逻辑是基于"问题—痛点—解决方案"这个闭环，它的转化率比硬广高4—7倍。为了提升种草效果，可以采用以下优化方法。

开发"可视化价值"：把产品使用前后的对比放大，如推荐减肥产品展示体重、身材变化的照片。推荐清洁产品拍摄清洁前后的对比视频。

设计信任背书：提供检测报告、真人实测等。推荐食品展示质量检测报告。分享电子产品使用体验的时候，邀请多位真实用户来测评。

构建使用场景：根据通勤、育儿、健身等不同场景推荐产品，满足用户的各种需求，激发购买欲望。

◆ 短视频的新趋势与演进路径

最近，短视频领域发展得特别快，创新趋势不断出现，主要体现在下面3个方面。

复合型内容：用户需求越来越多样，复合型内容就火起来了。比如，"探店+食材溯源"，创作者探店的时候，深挖食材从产地到餐桌的整个过程；"探店+空间设计原理"，分析探店场所的空间设计原理；访谈和情感剧场结合，把素人故事拍成剧情，引发观众共鸣。

技术赋能：科技帮助短视频创作突破了原来的限制。AR导航探店，用户通过手机屏幕就能有沉浸式体验；双屏互动访谈，增加观众互动屏幕，增强参与感，让访谈变成知识交流的平台。

价值维度升级：短视频的价值一直在提升。探店类视频从单纯推荐店铺，延伸到挖掘城市文化，探寻城市历史文化和民俗风情；访谈类视频成了社会实验记录，把访谈放在社会背景下探讨问题，引发观众对社会问题的思考。

如今短视频领域的内容更新速度飞快，前一阵爆火的形式，往往不到3个月，就迅速被新潮流取代。

如果你想在激烈的竞争里一直都能被大家关注，就得做到三点：快速学习、持续创新，还有保证品质。

4.3 AI强势助力短视频，一天爆产100条精品文案

想要高效获取流量，高频输出优质文案无疑是关键所在，这也是内容创作者提升竞争力必须掌握的本事。现在给你介绍一种模块化生产方法，借助该方法，一天产出100条短视频文案并非难事。

◆ 模块一：选题挖掘

前文提到的"爆款选题罗盘"能够为我们初步指引选题方向，在此基础上，只要巧妙运用AI提示词，我们就能精准挖掘出一系列优质选题。接下来，将为您详细展示其在不同领域的实践过程。

案例1：美食领域

确定"新手菜"选题方向后，设定AI提示词。

请基于"新手菜"方向，提供5个适合新手在家制作的特色美食短视频选题，每个选题必须清晰地给出菜品和精确到分钟的所需时间。

通过这简单而明确的提示词，我们收获如下：

简单易做的番茄肉酱意面，30分钟轻松搞定。

轻松烘焙香蕉核桃面包，40分钟甜蜜呈现。

便捷包制的鲜肉小馄饨，25分钟美餐即享。

轻松制作的虾仁滑蛋盖饭，35分钟营养满满。

快手蔬菜煎饼，20分钟美味出锅。

案例2：教育领域

我们锁定了"学习方法的科普"方向。这时，AI提示词需要更精准地贴合需求，于是我们给出如下提示词：

请围绕中小学生学习方法或兴趣培养，提供5个具有较高实用价值的短视频选题，每个选题需简要阐述其核心价值和预期效果。

借助这个提示词，得到的选题如下：

趣味数学思维法，助孩子巧解数学题。

创意写作小妙招，让孩子文思泉涌写作文。

科学实验趣味法，让孩子爱上探索自然。

科学古诗词记忆方法，让孩子领略古典文学之美。

高效时间管理法，教会孩子合理安排学习时间。

案例3：旅游领域

观察到00后充满个性的旅行需求后，我们将AI提示词设定为："生成5个小众景点推荐或旅游攻略短视频选题，讲清景点特色和适合季节。"

基于此提示词，有了以下成果：

【秘境追踪】小众海岛，夏日度假佳处，碧海蓝天相伴，沙滩细腻柔软。

【秋意浓情】寻访古老村落，秋日诗意栖居处，古村韵味与秋景相得益彰。

【高山之巅】探秘高山草甸，夏日避暑胜地，清凉舒适，风景如画。

【冬日奇观】领略火山奇观，冬日独特体验，火山地貌在冬日更显壮观。

【童话世界】沉醉童话小镇，春日浪漫之选，繁花似锦，宛如童话场景。

爆款选题往往有着相似的规律和特质，依托精心设计的AI提示词进行挖掘，我们便能持续创造可能成为爆款的选题。

◆ 模块二：素材收集

有了选题，接下来就得收集素材了。给你介绍两个特别实用的AI素材指令模板。

基础指令

作为XX领域专家，请为XX选题提供：①3个权威观点（附数据来源），②2个真实案例（含冲突与解决过程），③5条15字内的金句（含关键词）。

就拿"职场新人如何快速晋升"来说，AI可能会给出：①权威观点"据麦肯锡调查，70%的快速晋升者都有清晰的职业规划"；②真实案例，如小李初入职场不懂汇报，后来学习了技巧连升两级；③金句像"职场如赛场，规划是你的导航"。

进阶指令

将上述案例改写成00后打工人、宝妈等视角的叙事。

比如我们可以将小李的案例改写成00后打工人第一人称视角：

家人们，我刚进公司的时候，那叫一个惨，做了好多事，领导都不知道我是谁。后来我跟前辈取了取经，学了新汇报方法，现在已经是小组负责人啦！

◆ 模块三：素材调整

策略1：强化核心观点

比如，我想要的核心观点是"保护眼睛的重要性"。

我应该发的提示词："用一句简洁、感染力强的语句概括保护眼睛的重要性。例如，'保护眼睛，守护未来'。"

提示词建议：

突出主题，避免模糊描述（如"健康很重要"）。

语言精练易记，确保观众快速抓住重点。

策略2：补充支撑案例

比如，我想要的案例是"小明因长期玩手机导致近视加重"。

我应该发的提示词：提供一个真实、具体的案例，详细描述小明因每天玩手机超5小时，出现视力下降、视物模糊等症状。

提示词建议：

案例需包含细节（如行为习惯、症状变化），增强代入感。

避免笼统描述（如"有人近视了"）。

策略3：用金句增强感染力

比如，我想要的金句是类似"眼睛是心灵的窗户，别让它蒙尘"。

我应该发的提示词：生成一句贴合主题的金句，语言凝练且有哲理。例如，"爱护眼睛，点亮生活"。

提示词建议：

金句需朗朗上口，易于传播（如押韵、对比句式）。

建议建立分类金句库（如"健康类01号金句"），方便复用。

策略4：调整语言风格、受众

比如，我的目标观众是"小学生"。

我应该发的提示词："使用口语化语言和简单句式，如'小朋友们''大家'等称呼，避免复杂词汇。"

提示词建议：

明确受众特征（如年龄、场景），调整语气和用词。

示例：针对职场人群可改为"职场人""低头族"等称呼。

策略5：控制文案篇幅

比如，我要180字的短视频文案，符合短视频传播特点。

我应该发的提示词："生成一段180字以内的文案，内容简洁明了，重点突出保护眼睛的方法。"

提示词建议：

明确字数限制（如"180字"，而非"简短"）。

强调关键信息前置，避免冗余描述。

◆ 模块四：人工修改

策略1：删减

把重复表达、抽象概念和专业术语都去掉。比如，把"在数字化时代，我们应利用信息化手段提升效率"改成"我们要学会AI工具，开启人生新篇章"。

策略2：强化

把数字具象化，增强场景画面感，提高情绪词密度。像把"很多人喜欢这款产品"改成"超10万人排队疯抢，这款产品究竟有啥魔力？"

策略3：验证

随机选10条文案问问自己"我会看完吗？"从观众的角度来看看有没有吸引力。比如，"10个让你职场逆袭的方法"这个标题太普通了，就需要优化一下。

通过这4个模块，你就掌握了用DeepSeek一天产出100条短视频文案的方法，赶紧去开启你的短视频创作之旅吧！

4.4 短视频拍摄：3天极速上手指南

拍摄是短视频创作的关键开篇之举。接下来我将全方位为你拆解，从如何挑选适配的设备，到拍摄过程中的实用技巧，再到素材管理的妙招，以及在实际操作中怎样实现进阶提升，带你稳稳掌握短视频拍摄的核心要点。

◆ 设备选择

1.拍摄设备

手机：手机方便携带，操作简单，拍摄的画质日常创作完全够用。如果搭配高端机型和辅助工具（如三脚架、外接麦克风），拍摄效果会显著提升，尤其是收音质量会有明显改善。

专业相机：追求高画质和专业功能，专业相机是首选，搭配稳定器和专业外接麦克风，无论是室内还是户外，各种拍摄场景都能轻松应对。

运动相机、无人机：大疆Pocket3、运动相机和无人机适合拍摄特定题材（如运动镜头、航拍画面）。不过操作无人机时需特别注意遵守相关法规，避免在禁飞区飞行，确保拍摄安全。

2.拾音设备

领夹式麦克风：适合移动拍摄，能很好地减少环境噪声，拍日常记录类视频再合适不过了。

枪式麦克风：指向性很强，适合近距离精准收音，像产品展示和专业教程这些场景经常会用到。

电容麦克风：收声细腻，适合对声音质量要求较高的场合，如唱歌、朗读等。

3.灯光设备

常亮灯：如LED摄影灯、COB射灯，光线均匀柔和，尤其适合静态拍摄或视频录制。

便携补光灯：小巧轻便，随拍随用，无论是户外还是室内，都能轻松满足补光需求。

4.如何判断你是否需要购置设备

刚开始做内容，一定要避免陷入购买器材的竞赛。购置设备前，一定要衡量购置收益是否高于购置成本，其中资金成本、学习成本以及维护成本都得纳入考虑范畴。倘若新设备能显著改善画面效果，进而有效带动流量增长，最终实现收益提升，那么它就具备购买价值。反之，若设备既无法直接增加收益，且后续实际使用率偏低，那就必须谨慎购买了。

◆ 光线

1.自然光

白天的自然光丰富多样，我们既可以借助窗户透进来的光线进行拍摄，也可以直接在户外取景。清晨和傍晚时分，光线格外柔和，非常适合拍摄人物特写和生活场景，能够营造出温馨浪漫的氛围。而中午时分，光线较为强烈，此时需要借助柔光罩、偏振镜等工具来柔化光线。

2.室内灯光

在室内拍摄时，灯光布置至关重要。

主光：选择亮度较高的柔光灯，确定好主体照明方向，塑造主体的基本形态和立体感。

辅光：补充主光未照亮的部分，减少阴影，使画面更加均匀柔和。

轮廓光：通常从主体后方或侧后方打光，勾勒出主体轮廓，分离主体与背景，营造立体感和氛围感。

通过合理布置这三种灯光，你的室内拍摄将更加清晰美观，画面层次感和视觉冲击力也会显著提升。

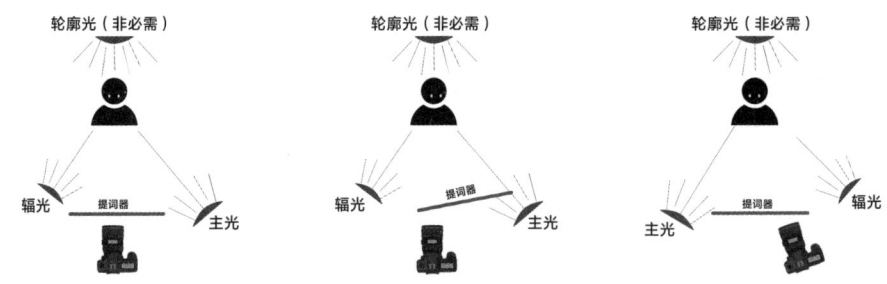

几种常见的人像简易打光方式

3.户外灯光

在晚上进行户外拍摄时，可将LED灯棒放置在人物正前方或斜前方45度左右的位置，照亮面部，营造出对话的氛围。拍摄静物时，则需根据静物的形状和想要突出的细节，灵活调整光线的角度和强度。

◆ 构图

1.三分法构图

将画面划分为九宫格形式，随后把主体安置在四条分割线的交叉点上。如此一来，画面会显得更加平衡，同时也更具吸引力。

2.对称构图

在拍摄建筑、风景等场景时，对称构图是一种非常合适的选择。通过左右或上下方向的对称布局，能够营造出稳定且庄重的视觉感受。

3.引导线构图

借助线条引导观众的视线聚焦到主体上。这些线条既可以是实际存在的，如道路、栏杆等；也可以是虚拟的，如人物的视线方向。

◆ 画面运用

1.固定拍摄

用三脚架把相机固定在合适的位置，保证拍摄过程中画面不会晃。

2.移动拍摄

借助稳定器，像手持稳定器、无人机稳定器等，能让画面平稳又流畅，同时还可以搭配各种运镜手法。

推镜：画面从远到近，慢慢靠近主体，突出主体的细节，引导观众把注意力集中到重点上。

拉镜：画面从近到远逐渐拉远，展示主体和周围环境的关系，一般用来交代场景、营造结束感。

摇镜：相机位置固定不动，水平、垂直或者斜着转动镜头，用来展示广阔的场景、跟着运动的主体。

移镜：相机沿着水平、垂直或者曲线等方向移动拍摄，能营造出动态感，让观众感觉自己就在现场。

跟镜：相机跟着运动的主体移动，让主体在画面里的相对位置保持不变，突出主体的运动状态。

◆ 素材整理备份

1.素材分类存储

按照拍摄日期和主题，把素材分类存到电脑硬盘或者云盘里。建一个多层文件夹结构，保证分类清清楚楚，管理起来方便。给每个素材都起个详细的名字，再加上相关标签，这样找起来就能又快又准。

2.双重备份策略

为了防止素材丢失，建议用本地和异地双重备份的方法。定期用移动硬盘进行本地备份，同时用云存储服务进行异地备份，这样不管出啥情况，素材都能安全保存。

4.5 短视频剪辑：从"零"到"有"快入门

想要创作一条优质的短视频，从剪辑到导出的每一个环节都发挥着至关重要的作用。

接下来，我将为你详细剖析各个环节的操作要点与实用技巧，助力你打造出具有专业水准的短视频作品。

◆ 常用剪辑软件

对比维度	剪映	Premiere Pro	Final Cut Pro	DaVinci Resolve
适用平台	Windows、MacOS、iOS、Android	Windows、MacOS	仅MacOS	Windows、MacOS、Linux
操作难度	简单易上手，零基础友好	复杂，需一定剪辑专业知识	较易，界面友好	中等，调色难度较大
功能特点	素材库丰富，包括各种风格音乐、特效、字幕样式	支持复杂多轨道剪辑，精细视频调色，可与Adobe软件协作	界面好，剪辑效率高，磁性时间线流畅	调色功能专业，具备全面剪辑、音频处理等功能
适用人群	新手、日常创作人群	专业创作者，制作高质量视频内容	Mac用户及进阶创作者	进阶用户，探索专业调色与剪辑
费用	免费，部分素材需付费	依订阅计划定价	苹果设备专属，软件价格高	免费，Studio版付费（更多高级功能）

◆ 剪辑工作流程

1.明确主题，精准选材

在剪辑前，明确视频主题是关键。无论制作搞笑、旅行还是美食视频，都要围绕主题挑选素材。例如，美食视频可聚焦菜品制作的关键步骤，使信息传达更集中，为剪辑奠定基础。

2.把控节奏，增强感染力

多视角切换：通过多角度拍摄与快速切换镜头，丰富视觉体验，提升节奏感。如健身博主在视频中快速切换动作镜头，搭配动感音乐，营造活力氛围。

合理控制片段长度：根据内容与情绪调整片段时长。快节奏视频（如运动类）用短片段与快速切换，慢节奏视频（如文艺类）可适当延长片段时长。

3.配乐使用

选择与视频主题相符的音乐。欢快音乐适合搞笑、运动类视频，舒缓音乐适合风景、情感类视频。注意音乐音量与原声的协调，避免音乐盖过原声。

4.字幕添加

给视频配上简洁直观、契合画面风格的字幕，能极大助力用户理解内容。尤其是在静音播放场景下，字幕的价值更为凸显，即使用户听不到声音，也能精准把握视频主旨。

5.特效转场

转场效果：使用淡入淡出、旋转、缩放等效果，增强视频连贯性，使画面过渡自然。

滤镜调色：通过调整画面的色调、对比度、饱和度等参数，根据主题运用复古、清新、电影感等多元滤镜风格，可有效提升视觉吸引力。

◆ 封面设计

1.设置流程

以抖音为例，打开抖音，点击"+"图标，选择"拍摄"，拍摄完成后，在发布页面下方点击"选封面"，然后挑选合适的画面作为封面。

2.设计要求

清晰度与亮度：封面一定要清晰，亮度也要适中，这样才能吸引观众的注意力。

布局合理：内容布局要合理，千万别弄得乱七八糟的，重要信息得放在显眼的位置。

突出重点：要突出视频的核心内容或者亮点，可以利用颜色、对比度等，引导观众关注关键信息。

3.封面选择方式

直接截取：从视频里截取有代表性的画面，简单又方便。

模板定制：使用预设模板，模板可以分成简单粗暴类、表情包或流行语类等，根据视频风格选就行。

创意添加：添加文字、贴纸或特效，让封面更生动有趣，更能抓住观众的眼球。

4.封面标准

好的封面得画面清晰、主体突出、构图平衡、画面整洁、能传递关键情绪、利用视觉冲击吸引人、和标题有关联，还能强化IP形象。

◆ 视频导出

1.选择导出格式

推荐优先选择MP4格式，其具备出色的兼容性，能够无缝适配各类平台。

2.设置导出参数

根据视频用途和发布平台调整分辨率、帧率和比特率。手机短视频建议设置1080×1920分辨率，可以选用30fps或60fps帧率；大屏幕或高画质需求可提高分辨率和帧率，提高比特率可以提升视频清晰度，但文件大小也会相应增加。

3.完成导出操作

选择格式和参数后点击"确定"或"导出"。导出前确保设备存储空间充足，避免其他影响导出的操作。

4.6 DeepSeek+剪映+即梦生成视频步骤详解

1.文案生成

用DeepSeek快速生成专业脚本（以民间故事为例）。

深度思考激活：点击"DeepSeek-R1"卡片，打开"深度思考"和"联网搜索"这两个开关（联网状态下能获取最新审核规则）。

指令输入技巧：在输入框里填写指令，如"请生成一篇包含×××（如民间寓言/神话传说）的民间故事，要求：符合××平台审核规范，包含3次剧情反转，每段不超过80字，结尾预留15秒悬念"，然后点击"发送"。

文案优化建议：在对话框中输入调整需求，像增加方言对话、减少敏感词、强化冲突场景等。

2.智能视频合成

进入创作界面：打开剪映，选择"图文成片"，选择"自由编辑文案"。

内容载入设置：把已经生成的文案粘贴到编辑区（系统会自动拆分镜头脚本）。

核心参数配置：将之前生成好的文案粘贴到文本框中，将音色选择为"悬疑解说"。

生成视频：点击"生成视频"，选择"智能匹配素材"，等待视频生成。

背景音乐：根据节奏选音乐，请勿选择有版权争议的曲库，这样能保证视频传播的时候不会有版权风险。

字幕样式：选大字号、白字黑边的样式，这样在手机上看也能很清楚，方便观众观看。

3.智能图片生成

若智能匹配的图片与内容不契合，可以通过即梦AI设计适配的高清配图。

图片设计：首先登录即梦AI官网，在页面中找到并点击"图片生成"选项。在输入框内输入对图片的描述信息，然后选择"图片2.1"模型，将图片比例设定为16:9或9:16，同时把精度调整至10。待图片生成后，仔细挑选出满意的图片，点击保存至本地。重复进行此流程，直至将所需的所有图片都准备妥当。

图片替换：点击剪映中的"导入"按钮，将此前生成的图片逐一添加进来。随后，只需用鼠标选中图片，长按并拖动至需要替换的图片位置，让它们精准重合。按照这一操作流程，不断重复，直至所有需要替换的图片都更新完毕。

4.成品质检

画面检测：检查是否存在跳帧或黑屏，如发现画面有跳帧或黑幕，请及时调整，避免观众观看体验不佳。

音画同步：查看人物口型与配音是否吻合。

字幕校验：确认标点断句位置是否自然，字幕标点是否有错误。

5.高阶玩法拓展

矩阵化生产：设计AI智能体，复制头部博主，实现批量生成100多篇文案，适合团队化运营，高效产出大量内容。

个人IP打造：真人出镜和素材混合剪辑，让观众更容易记住自己。

商业变现：对接星图任务，选择"AI创作"标签接单，实现内容变现。

4.7 短视频发布流程示范

◆ 电脑端发布

1.登录平台

通过各平台专属创作者网址登录。

抖音：https://creator.douyin.com/

视频号：https://channels.weixin.qq.com/

快手：https://creator.kuaishou.com/

B站：https://member.bilibili.com/platform/upload

小红书：https://creator.xiaohongshu.com/

2.寻找入口

找到"发布视频""投稿"等发布入口，开启发布流程。

3.上传内容

上传准备好的视频或图片。

4.内容编辑

标题：不同平台风格各异，抖音突出重点，像"必看！30天瘦15斤的减肥秘籍"；视频号简洁引发好奇；快手结合热门话题；B站夸张好奇；小红书简洁有趣。

话题：紧跟标题添加相关话题，如"减肥 减肥秘籍 30天减肥计划"，借热门话题引流。

封面：上传准备好的封面图或从视频中选关键帧，要能展现视频核心，吸引观众。

发布时间：可以选择立即发布或者定时发布。

定位设置：手动输入目标地区，吸引同城用户。

5.功能选择

要是你有商品要推广，在商品管理、扩展链接这些地方添加商品链接，然后把相关信息设置好。

6.完成发布

确认无误后，点击"发布"完成操作。

◆ 手机端发布

1.准备内容

拍摄或剪辑好符合要求的视频；若为小红书，还可准备图片。确保视频时长、画质达标，如时长可控制在15—60秒，画质清晰、无抖动模糊。

2.进入界面

打开对应平台App，通过界面上的"+"号或相机图标，进入发布界面。

3.选择内容

从手机相册挑选要发布的视频或图片。

4.内容编辑

标题：依据各平台风格撰写具有吸引力的标题。例如，减肥视频，在抖音可写"必看！30天瘦15斤的减肥秘籍"，突出核心亮点与价值，快速抓住用户眼球。

封面：可以从视频中选取画面、上传本地图片，或者使用提前制作好的预制封面，重点是要突出视频核心内容，像减肥教程视频可选择减肥前后的对比图。

挂车操作（可选）：若有商品推广需求，点击"添加商品"等选项添加商品链接，并详细编辑商品相关信息，如商品卖点、使用方法等。

5.发布时间选择

分析目标受众活跃时间，选择合适时段发布。比如，面向上班族，晚上7—10点可能是较好的发布时间；若是学生群体，周末或放学后时间更佳。

6.发布设置

位置：可选择自动定位，也能手动搜索并选择目标地区，精准定位有助于吸引特定区域的用户。

话题标签：紧跟标题添加与视频内容紧密相关的热门话题，如"减肥　减肥秘籍　30天减肥计划"，借助热门话题的流量提升视频曝光量。

权限：设置视频的可见范围，如公开、仅粉丝可见、私密等。

分区（B站）：在B站发布时，根据视频内容选择准确的分区，方便用户查找和平台推荐。

7.完成发布

仔细检查视频、标题、封面、商品（若有）、发布时间、位置、话题标签、权限、分区（B站）等各项信息是否准确无误。确认无误后，点击"发布"按钮完成发布。

8.发布后

持续关注视频的播放量、点赞数、评论数等数据，依据用户反馈优化后续视频内容与发布策略。

4.8 短视频8大关键指标及提升策略

◆ 播放量

播放量是衡量视频曝光度的基础指标,直接反映视频被打开观看的次数,是内容触达用户的第一步。高播放量为后续数据增长奠定基础,是视频广泛传播的关键。

提高播放量的策略包括:

优化标题:用提问、制造悬念或设置反差等方法勾起用户好奇心,如"你知道怎么能在一周内瘦五斤吗?"。

精选封面:选择最具视觉冲击力、最精彩或最能代表视频内容的画面作为封面,确保封面醒目,吸引用户点击。

规划发布时间:通过数据分析目标用户活跃时间,选择流量高峰时段发布,如工作日晚上8—10点或周末全天,提升初始播放量。

◆ 点赞数

点赞数直接反映用户对视频内容的喜爱和认可,是衡量内容质量及能否引发情感共鸣的重要指标。提高点赞数的策略包括:

创作共鸣内容:分享实用技巧(如生活窍门、职场技能)、讲述感人故事传递正能量,或提出独特观点引发思考,激发用户情感共鸣。

引导点赞:在视频结尾用亲切自然的语气引导点赞,如"觉得这个视频有用的话,就给我点个赞吧"。

A/B测试:针对不同用户群体,尝试不同引导话术,通过A/B测试优化策略,找到最佳引导方式。

◆ 评论数

评论数反映了用户对视频的参与度和讨论热情,体现了内容能否引发用户思考和交流,高评论数有助于提升视频热度、增强话题性。提高评论数的方法包括:

发布话题内容:提出争议性观点或开放性问题,如"你觉得人工智能会取代人类工作吗?",激发用户讨论欲望。

积极互动:及时回复用户评论,让用户感受到关注与被尊重,增加好感,从而激发更多评论。

结合热点:创作与热门话题相关的视频内容,借助热点流量吸引用户参与讨论。

◆ 转发数

转发数可以体现视频的传播范围和影响力，转发越多，触达的潜在用户越广，有助于实现裂变式传播，提升账号知名度和影响力。提高转发数的策略包括：

创作有价值的内容：提供有价值、有趣或新颖的内容，如行业独家消息、搞笑创意视频、实用生活指南等，满足用户分享需求。

设置奖励机制：通过现金红包、虚拟礼品、优惠券等奖励，激励用户转发，并结合数据分析优化奖励策略，提升转发积极性。

◆ 完播率

完播率是衡量视频质量和吸引力的核心指标，高完播率表明视频内容能持续吸引用户，且符合用户预期。提升完播率可参考以下策略：

优化开头：用精彩画面、吸引人的音效或文案（如"接下来的内容，会颠覆你对××的认知"）迅速吸引用户的注意力。

精简内容：确保视频简洁紧凑，避免冗长，合理安排节奏，根据主题和时长保持用户兴趣。

◆ 5s完播率

5s完播率是衡量视频开头吸引力的关键指标。在用户注意力易分散的当下，前5秒能否吸引用户直接决定其是否继续观看，进而影响视频的传播效果。提升5s完播率可参考以下策略：

优化开头：用冲击力画面、震撼音效或提问式文案（如"你敢相信，这竟然是真的"）迅速抓住用户注意力。

个性化定制：根据目标用户群体喜好，定制个性化开头内容，吸引他们继续观看。

◆ 互动率

互动率是点赞、评论、收藏、转发等互动行为的综合考量，互动率高，说明内容在用户群体里引起了很高的关注度和兴趣，有助于帮助账号获得更多流量推荐。

提高互动率可以参考以下方法：

策划互动内容：可通过发起话题挑战、邀请用户分享自己的经历、设置互动小游戏等方式，增加用户的参与感。

开展互动活动：可通过定期举办抽奖、问答、投票等互动活动，提高用户参与的积极性，提升互动率。

◆ 带货转化率

带货转化率是衡量博主内容变现能力的关键指标，直接决定其商业价值。提升转化率可从以下两方面入手：

优化选品：根据账号定位和用户需求精准选品。例如，美妆账号选择热门、口碑好的美妆产品，健身账号聚焦健身器材和运动服饰。确保产品实用、性价比高且与账号风格契合，以激发用户兴趣和购买欲。

提升博主销售能力：博主需深入了解产品特点，清晰、准确地传递信息；同时增强互动技巧，如及时答疑、引导下单、营造氛围，从而提升转化率。

第五章

拆解直播人货场,探寻成交暴增的秘诀

5.1 人：直播带货5大能力解析与培养

"人"是直播带货的关键，决定了直播的流量、转化和口碑。主播只有具备一系列关键能力，才能在激烈的市场竞争中脱颖而出，成功吸引观众的注意力，并促使他们完成下单动作。下面，咱们就深入了解一下一个优秀的主播需要培养哪些能力。

◆ 价值塑造能力：开启直播变现的关键密码

不管是卖商品，还是分享知识课程，价值塑造能力都是直播变现的核心驱动力。

1.如何做好价值塑造

（1）贴合需求，案例佐证

了解用户需求是重中之重。比如，讲解写作课程的时候，分享一些学员学了课程之后，成功在各大平台发表文章，甚至还靠写作副业每月增加几千元收入的案例，这样用户就能直观地感受到课程的价值，对课程的需求也就提升了。

(2)找准痛点，提供方案

认真剖析用户痛点，如减肥群体会面临节食痛苦、运动没效果等问题。所以在推荐减肥产品或者健身课程的时候，就详细介绍产品里独特的成分能加快新陈代谢（请勿虚假宣传），课程中的训练方法能高效燃脂，给用户提供能行得通的解决方案。

(3)突出独特，描绘愿景

得让用户知道产品或者课程独特的地方，如学习App有独家的智能学习系统，能根据用户的学习情况专门定制学习计划。同时呢，再描绘一下用了之后的美好场景，像用了这个App，学习效率大大提高，成绩也稳步上升，顺顺利利考上理想学校，这样就能增强用户的购买意愿。

2.规避价值塑造误区

真诚是价值塑造的底线，专业是信任的基石，千万别用那些模棱两可或者夸大其词的表述，不然就会失去用户的信任。也别强行推销，要从帮用户解决问题的角度，自然而然地引导，这样用户才更容易接受。错误话术示例如下：

这款减肥产品绝对是全网最有效的！（夸大承诺，违背专业性）

无论你是什么体质，一个月内一定能瘦30斤，而且绝不反弹！（模糊边界，忽略个体差异）如果你现在不买，以后绝对会后悔！（制造焦虑，强行推销）

3.用价值认知驱动成交转化

等用户对产品或者课程的价值有了一定认识之后，就得找个合适的时机引导他们购买。

引导话术是成交的"临门一脚"，得铿锵有力，还得有感染力。比如，卖学习资料的时候就可以说：

您刚才提到的孩子数学偏科问题确实普遍存在（共鸣开场），这套资料特别针对初中几何难点而开发了分层训练模块，比如函数图像题解题策略、辅助线添加的12种场景等（具象化价值）。上周有个深圳的李妈妈反馈，孩子用了两周后同类题型正确率从58%提升到82%（数据背书）。您看这样安排，每天只需花15分钟跟练，就能帮孩子建立系统的解题思维（降低决策压力）。现在下单，可以享受咱们的早鸟价，而且咱们是为孩子的未来投资，真的很划算！（轻量行动引导）

这样就能激发用户的行动欲望，促进成交。

◆ 需求激发力：点燃用户购买热情的火焰

1.如何激发用户需求

（1）关联生活，制造差距

差距是需求的起点，激发动力就是填补差距。比如，讲解职场技能的时候，结合现在就业竞争激烈的大环境，对比一下用户现在的情况，和掌握技能之后的理想状态，像从工作老是犯错被批评，到效率提高、升职加薪，这样用户就能意识到自己的不足，就会特别迫切地想要学习技能，改变现状。

（2）强化痛点，激发动力

痛点的揭示，是用户行动的催化剂。比如，在健康养生直播里，强调不良生活习惯会引发各种疾病，对比一下注重养生和不注重养生的身体状态，这样就能触动用户的内心，激发他们购买养生产品或者课程的欲望。

（3）展示成果，激发行动

成功案例是用户信任的"背书"。比如，在电商直播里，主播经常展示其他用户用了产品之后，皮肤变好了、身材变棒了的案例，让用户相信自己用了产品也能达到同样的效果，这样就能激发他们的购买热情。

2.场景共鸣与情感植入

（1）还原场景，引发共鸣

场景共鸣是用户的"情感开关"。像母婴主播模拟半夜宝宝饿哭，妈妈冲奶粉水温不合适的场景，然后引出"恒温壶+夜灯"组合产品，这样新手妈妈就能意识到这款产品的实用性。家居主播演示清洁剂清洁顽固污渍的效果，就能激发用户的购买欲望。

（2）植入情感，赋予意义

情感是产品的附加值，能让用户更愿意买单。比如，过年推荐坚果礼盒的时候，就说它可不只是一盒坚果，更是一家人围坐在一起分享的快乐，是传递亲情的纽带，这样就能有效引发情感共振，水到渠成地推动用户完成下单动作。

◆ 内容构建力：打造优质直播内容的根基

1.情绪制造的关键作用

（1）戳中痛点，营造爽点

主播得了解用户的心理，直播的时候精准地戳中他们的痛点。比如，讲解职场压力缓解课程的时候，提到加班熬夜、工作任务重、人际关系复杂这些痛点，同时再分享一些实用的解压方法，像办公室健身操、时间管理技巧，让用户看到解决问题的希望，就会停留在直播间。

（2）挖掘需求，贴合实际

挖掘用户潜在的需求。比如，在美妆直播里，除了介绍常见的化妆技巧，还要挖掘不同场合的妆容需求，以及根据自身气质打造专属妆容的需求，这样才能更贴合用户需求，提升直播间的留存率和关注率。

2.知识提炼的有效方法

（1）专业素养扎实

只有专业素养扎实才能赢得信任。就好比给大家推荐手机，得深入研究芯片性能、屏幕素质、影像系统、电池续航等关键板块，把庞杂的手机知识讲解得通俗易懂，才能打消顾客购买前的疑虑。

（2）形成体系，展现价值

体系化的知识，是直播质量的保障。如讲解历史的时候，可以按照时间线系统地讲解不同朝代的政治、经济、文化知识，这样就能展现出主播的专业性，提升直播的人气。

◆ 流量驾驭力：推动直播发展的强大动力

1.流量和急速流承接

（1）快速抓住注意力

主播得在3秒之内抓住观众的目光，让新观众想要留下来。从动作上可以突然把音量放大、起身展示产品，或者表演唱歌、变装这些才艺。从视觉上，可以举个写着"停留抢红包"的大灯牌，展示礼品福利等道具。从话术上，喊出利益点，如"新粉注意啦，左上角福袋马上开奖，现在下单就送运费险"。

（2）强化互动留人

可以点名互动，如"ID里含'爱'字的扣1，额外加赠"，这样就能激发观众参与。观众提问的时候，要及时回应。比如，"蓝衣服小姐姐问价，直降100"。利用倒计时制造紧迫感,像"福袋30秒开奖,没关注的先关注,不然中奖也无效",这样就能留住观众。

（3）内容节奏提速

急速流来的时候,要缩短产品讲解时间,采用"痛点+解决方案+福利"这个结构。先点明痛点,再介绍产品怎么解决痛点,最后强调福利,快速把信息传递出去,吸引观众下单。

2.精准投流

（1）了解工具,把握用户

得深入了解千川投放等工具,掌握它们的功能和技巧,精准地把握目标用户的特征。比如,推广时尚服装时,针对的就是18—35岁喜欢时尚穿搭的年轻女性。

（2）设置参数,优化素材

根据目标用户设置合理的投放参数,如地域、时间；然后优化广告素材,让图片更加精美、文案更加吸引人,这样就能提高直播的曝光度,更好地引入流量。

◆ 危机应变力：直播稳定进行的保障

1.设备故障应对

直播过程中可能遭遇设备故障,需建立完善的应对机制。若麦克风失声,可启用备用通信设备（如手写板）与观众保持互动,同时安排技术人员迅速更换备用设备；如遇摄像头故障,可通过语音详细描述展示内容,最大限度维持直播效果,降低观众流失率。

2.舆情应对方法

面对产品质量质疑，主播应及时出示相关质检报告，提供专业解释，并承诺完善的售后解决方案，展现品牌责任担当；针对恶意评论，需保持专业态度，理性回应，巧妙引导话题转向积极方向，维护直播间良好氛围。

3.流程救场措施

若出现库存超卖情况，主播应主动承担责任，及时提出补偿方案（如赠送礼品或优惠券等）；直播流程时间把控出现偏差时，需灵活调整节奏，适当压缩次要环节，确保核心内容完整呈现。

◆ 复盘迭代力：持续提升直播质量的秘诀

1.深度剖析直播数据

数据是直播的"仪表盘"，指引优化的方向。我们可以重点分析以下核心指标。

流量数据：观看人数、新用户关注数。

互动数据：点赞量、评论量、分享量。

转化数据：商品点击量、加购量、销售额、客单价。

通过横向对比不同时段、主题的直播数据，识别问题根源，找到迭代的切入点。例如，特定时段流量下滑可能源于时间选择不当或预热不足；高点击低转化则可能反映产品讲解不充分或价格策略欠佳。

2.挖掘受欢迎的节点

·系统评估直播内容质量

逻辑结构：内容层次是否清晰，重点是否突出。

主播表现：语言表达、情绪调动、临场应变能力。

用户反馈：受欢迎内容节点、改进建议。

针对观众反馈的薄弱环节（如知识点讲解深度不足），可通过补充案例、优化呈现方式等手段进行改进。

3.打造流畅直播步骤

·优化直播环节设置

检查各环节衔接流畅度。

评估商品展示、互动、促销等环节的时间配比。

识别效率瓶颈（例如，抽奖环节耗时过长，挤压商品讲解时间）。

制定针对性改进方案，如简化抽奖规则、调整环节时长，确保直播节奏张弛有度。

5.2 货：数据驱动与供应链协同，打造高转化货盘

选品是直播的基石，供应链是直播的保障，不管是实实在在的产品，还是知识类直播。想要做好直播变现，选品的精准把控、供应链的高效管理以及口碑的精心维护，每一项工作都尤为重要。

◆ 电商基础与选品策略

1.电商基础搭建

（1）橱窗开通要点

开通橱窗是直播带货的第一步，得准备好营业执照、身份证这些资质文件。每个平台的审核标准并不一样，所以一定要仔细研究规则，按照要求提交资料。开通之后，还要熟悉商品展示的布局和分类设置，根据自己的想法做个性化调整，提升用户的浏览体验。

（2）店铺运营指南

开店的时候，从注册到商品审核的整个流程都得搞清楚，选类目的时候，得结合自己的优势和用户的需求，保证商品和类目一致，同时根据规则缴纳保证金，不然容易违规。同时也要了解平台手续费、支付手续费等

细节，做好成本预估。

2.选品策略

（1）需求导向

要深入研究市场和目标用户喜欢啥、有啥痛点。比如，针对年轻上班族，就选一些方便办公的文具、健康的速食；针对宝妈，就选优质的母婴产品和儿童教育产品。通过分析电商平台的数据还有社交媒体的热度，精准把握需求，这样才能保证选的产品有潜力。

（2）质量把控

选供应商的时候一定要严格，得检测产品质量，查看生产资质和认证。要是食品，就得关注原材料、工艺还有保质期；要是电子产品，就得考察性能、稳定性和售后。只有产品质量过关，才能赢得用户的信任。

（3）性价比优势

在保证质量的同时，得争取拿到优惠的采购价，可以和供应商商量批量折扣、独家优惠这些。还要对比同类产品的价格，保证自己产品的价格足够有竞争力。

（4）选品联盟攻略

选品联盟可是挖掘爆款产品的重要渠道。分析市场趋势、热门品类，同时还要搜索数据，找到有潜力的商品，对比佣金比例，选质量好、佣金高的合作方。再根据季节、节日还有平台活动，灵活调整商品上架和推广的时间。

◆ 供应链管理与商品运营

1.建立完善的供应链管理体系

供应商管理：严格筛选供应商资质，建立供应商评估体系，定期进行质量审核。

产品开发：深入市场调研，精准把握用户需求，确保产品定位准确。

质量控制：实施样品测试、批量抽检等多重质量把控机制。

价格策略：基于成本核算、市场行情、竞品分析，制定科学定价模型。

库存管理：建立智能库存预警系统，设置安全库存阈值，实现库存动态监控与精准补货。

2.构建科学的商品矩阵

引流品：选择高性价比商品（如9.9元体验款），用于吸引流量、提升转化。

利润品：精选高毛利商品，作为核心盈利产品。

标杆品：引入高品质、高附加值商品，提升直播间调性。

建立数据驱动的商品组合优化机制，基于实时销售数据、用户反馈、市场趋势，动态调整商品结构，实现流量转化与利润最大化平衡。

◆ 长效运营和粉丝维护

1.风险管控措施

建立违规话术清单，明确哪些话术不能用。制定危机预案，针对产品质量、主播负面新闻这些问题，提前想好应对办法，包括发布声明、解决问题和及时恢复形象等。

严格遵守平台规则，定期组织团队学习，维护好信用分，避免账号受限。直播前复习违规话术清单，还可以模拟危机场景进行演练。只有先保证直播合规、稳定，才能给后续运营工作打好基础。

2.口碑维护机制

（1）评价管理策略

安排专人或者用工具监控用户评价，要是有差评，及时预警，主动和用户沟通，提供退换货、补偿等解决方案，争取得到用户的谅解。设置好评引导话术和奖励方案，如"满意请好评，送优惠券下次用"。还要制定标准回复模板，维护好品牌形象。

（2）售后服务体系

建立完善的退换货流程，明确条件、时间还有处理方式。设立客诉团队，及时响应投诉，耐心解决问题，对于合理诉求，要给予补偿，通过多种渠道保证投诉能及时得到处理、反馈。良好的口碑是吸引新粉丝和留住老粉丝的关键，直接影响主播的长期发展。

3.粉丝分层运营

新用户培育：制订30天成长计划，推送新手引导内容、直播观看指南，设置新粉专属福利（如首单优惠、专属优惠券）。

活跃用户维护：设计会员成长体系，策划定期回馈活动（如会员日、积分兑换）。

高价值用户运营：建立VIP服务体系，提供专属客服、定制化推荐、优先体验等特权。

沉默用户激活：分析流失原因，制定针对性促活策略（如定向优惠、专属活动邀请）。

通过数据驱动的精准运营，深度挖掘用户价值，提升用户黏性与生命周期价值（LTV），实现粉丝资产的持续增值。

4.内容创新与品牌人格化运营

内容规划：制定季度内容主题日历，结合行业趋势、用户偏好设计内容矩阵。

热点营销：建立热点快速响应机制，及时策划相关主题直播（如热播剧同款穿搭、节日限定妆容）。

IP打造：塑造独特的主播人设，设计标志性内容形式，打造差异化记忆点。

场景创新：结合季节特性、节日氛围设计沉浸式直播场景，提升用户参与感。

5.3 场：顶级主播都在用的吸金直播场景搭建术

场景是直播的"门面"，决定了用户的停留时间。它包含硬件配置、场景设计和直播实操等关键要素，其中推流环节对保障直播流畅度至关重要。

◆ 硬件配置：打好直播基础

1.拍摄设备

手机：要是你是刚入门的新手主播，手机就是个特别方便的选择，简单又好用。

专业相机：如果你追求极致的画质，预算也比较充足，高清摄像机和全画幅单反相机就特别适合专业商业直播和大型活动直播。

2.收音设备

领夹麦克风：小巧轻便，适合户外直播或者带货直播。像DJI Mic 2、猛犸LARK、罗德Wireless GO II这些无线麦克风，传输距离远，抗干扰能力也强，就算在很嘈杂的环境里，也能把声音清楚地拾起来。

桌面麦克风：一般在固定的直播间里用得比较多，如做知识分享、游戏直播的时候。罗技、Blue Yeti等麦克风拥有多种拾音模式，可以满足绝大多数需求。

3.打光设备

环形灯：颜值主播们的"心头好"，能把面部照得亮亮的，还能形成好看的眼神光，建议选择支持广域亮度及色温调节的款式。

柔光灯：能提供均匀又柔和的光线，让主播的肤色看起来特别自然，还能更好地展现产品的色泽和质感。

4.网络保障

室内：优先采用有线网络，备选支持Wi-Fi6的路由器。

户外：直播前需要提前测试好网络信号，或者使用高性能5G移动Wi-Fi设备，确保多设备稳定连接。

5.推流相关硬件

保证电脑系统是Windows7及以上版本，同时还要检查电脑配置能不能满足直播软件的最低要求。

◆ 场景设计：营造沉浸式体验

1.视觉呈现

在带货直播的时候，需合理摆放产品，能大大增强展示效果。比如，美妆直播，就可以按照品牌、品类还有色系来排列化妆品，再搭配上美妆工具、鲜花这些小道具，一下子就能营造出满满的生活气息；数码产品直播，可以搭配好相关配件，再融入一些科技元素，用金属展示架和灯光，把产品的轮廓和细节突显出来。通过这些细节设计，能让观众感觉自己就在现场，亲身感受产品，这样直播的吸引力就更强了，观众的观看体验也更好。

2.画面元素布局

(1)人物与商品关系

根据商品大小和特点,确定人物与商品在画面中的位置。

若商品较小,可将商品放在靠近镜头的位置,主播手部或身体其他部位与商品互动,如主播手持口红进行试色展示。

对于大型商品,主播可站在商品旁边或操作商品,展示使用过程,如展示跑步机时,主播可站在旁边介绍功能,或在上面跑步演示。

(2)背景与道具搭配

选择简洁、协调的背景,避免背景过于复杂而分散观众对主播和商品的注意力。可根据直播主题和商品特点添加道具,如在美妆直播中,放置一些鲜花或精致的化妆工具作为点缀,营造舒适氛围,增强视觉吸引力。

3.确定最佳视角

(1)平视视角

将镜头与主播眼睛位置保持水平,使观众能自然地与主播"对视",产生面对面交流的感觉,增强亲近感与专注度,适用于多数直播场景。

(2)微仰视角

在平视基础上,将镜头微微上仰,可更好展示主播表情与肢体语言,增加互动感,也能在一定程度上修饰主播脸型与颈部线条,使形象更具亲和力。

(3)俯拍视角

当展示桌面商品细节时,采用俯拍视角,能让观众清晰看到商品全貌与细节,如展示电子产品接口、化妆品质地等。

4.构图

合理构图能引导观众的视线。

（1）三分法构图

画面三等分为九宫格，将主播、商品等放交叉点或分割线上，吸引注意力，适用于各类商品直播。

（2）中心构图

商品或主播放画面正中心，留空白，呈对称美，适合独特造型商品，也利于突出单人主播形象。

（3）前景构图

前景放商品或相关元素并虚化，中景或背景放主播等信息，有层次感，适合家居等生活场景类商品直播。

5.直播间贴片

想要创作吸引人的直播贴片文案，关键在于精准把握观众心理，我们可以从突出亮点、制造悬念、引发共鸣等角度入手，设计不同风格的直播贴片。

（1）突出福利型

核心思路：直接点明直播中能为观众带来的实际利益，以丰厚福利吸引观众进入直播间。

关键要素：明确福利内容，如优惠券面额、商品秒杀价格；强调稀缺性，如"限量款""错过等一年"；给出具体直播时间，方便观众准时参与。

（2）制造悬念型

核心思路：抛出引人好奇的话题或事件，激发观众的好奇心，促使他们进入直播间寻找答案。

关键要素：设置具有吸引力的悬念，如"神秘好物""惊人秘密"；强调答案在直播间揭晓，营造期待感；告知直播时间，让观众有明确的时间预期。

（3）解决痛点型

核心思路：精准定位目标受众面临的普遍问题，以提供解决方案来吸引观众，使其进入直播间。

关键要素：清晰描述痛点问题，引发观众共鸣；强调解决方案的专业性和实用性；明确直播时间，方便观众获取帮助。

（4）情感共鸣型

核心思路：借助共同的回忆、情感等元素，触动观众内心，建立情感连接，吸引他们进入直播间。

关键要素：选取具有广泛共鸣的情感点，如青春回忆、成长经历；营造情感氛围，让观众产生代入感；公布直播时间，邀请观众共同回忆。

（5）名人效应型

核心思路：利用知名人物的影响力，吸引其粉丝及对该人物感兴趣的观众进入直播间。

关键要素：明确名人身份，突出其知名度；介绍名人在直播中的活动，如"畅聊""分享秘籍"；给出直播时间，方便粉丝守候。

（6）限时优惠型

核心思路：通过强调优惠的限时性，制造紧迫感，促使观众为抓住优惠机会而进入直播间。

关键要素：说明优惠商品及具体降价幅度；强调限时特点，如"仅限'直播时段'内"；告知直播时间，让观众不错过优惠时段。

6.主播肢体形态

（1）保持放松自然

主播的肢体应保持放松、自然的状态，避免僵硬或过于夸张的动作。

比如，双手自然下垂（即放在身体两侧），讲解时可以适当用手比画，但幅度不宜过大，以免分散观众注意力。

（2）注意肢体空间

要合理利用画面空间，避免肢体动作过于局促或超出画面。比如，站立直播时，双脚与肩同宽，身体重心均匀分布，给观众以稳定、自信的印象。

◆ 电脑开播实操指南（以抖音直播为例）

1.抖音直播流程

准备工作：完成抖音账号实名认证，且近期无违规行为，才能开启直播。同时，准备好硬件设备。

下载安装直播软件：登录抖音官网，下载并安装"抖音直播伴侣"。

登录与设置：用实名认证的账号登录抖音直播伴侣。根据电脑性能和直播需求，调整视频分辨率、帧率等参数。如电脑配置高，可选1080P分辨率、60帧率，配置有限则适当降低参数。随后设置画面布局，并开启美颜、滤镜，选择合适音频输入设备，保证声音清晰。

准备直播内容：依据个人特长、兴趣或粉丝需求确定主题，如游戏直播、美妆教学等。同时准备好PPT、视频、图片、贴片等直播素材。

开始直播：点击"开始直播"，调整摄像头角度，保证画面完整、亮度适宜、构图美。

2.使用OBS推流通用步骤（以抖音直推添加OBS推流为例）

软件安装：从OBS官网下载并安装OBS软件。

获取推流地址：在抖音创作者服务中心的直播设置中，获取服务器地址和推流码。

OBS设置：打开OBS，点击"设置"—"推流"，服务选"自定义"，粘贴服务器地址和推流码。在"来源"处右键添加直播内容，如摄像头画面、音频输入、素材等，并调整位置、大小和层级。

直播前测试：点击"开始推流"，观察OBS数字变化，在抖音直播后台查看预览，确保画面和声音正常，有问题及时调整。

第六章

消除流量焦虑,
私域能力打造创富新引擎

6.1 重新认识私域：从流量思维到用户资产

这几年，"私域"这个词可谓是火得一塌糊涂。

你是不是也曾经在心里嘀咕：私域到底是个啥？它又能给一人公司带来哪些实打实的价值呢？

别着急，接下来就带你全方位、深层次地了解一番。

◆ 公域流量是流动的水，私域流量是蓄满的池

想象一下，你在商场开了一家极具格调的服装店，商场里每天人来人往，热闹非凡。然而，这些匆匆而过的顾客，对于你的服装店而言，属于公域流量，很难真正给你的服装店带来实际收益。

那么，私域流量又是什么呢？我们可以通过一个比喻来理解：假设你有一本精心整理的顾客通讯录，可以随时给他们发送信息，告知他们店里上新新款，或者正在举办大力度的打折活动，甚至还能与他们进行一对一的愉快交流。通讯录中的这些顾客，就是你的私域流量。

私域流量，是你手中的"鱼塘"，而不是大海里的"漂流瓶"。

私域运营的本质，就是将用户从公域平台"迁移"到自己的"地盘"，

然后通过精细化的运营手段，实现长期变现。简而言之，当客户主动添加你的微信，或者加入你精心经营的社群时，这就相当于在为你的私域资产池"蓄水"。

私域流量有三个超关键的优势。

自主拥有：完全由你说了算，不会被平台限制推送，想什么时候联系用户，就什么时候联系。

免费触达：不用再额外花大把的钱去投广告，只要你想发消息，随时都能发给用户。

反复利用：一个用户能带来多次转化，不管是复购，还是帮忙介绍，都不在话下。

◆ 私域的本质不是流量，而是用户关系

尽管私域流量的价值越来越明显，但人们对私域的理解依旧存在诸多误区，最常见的一种便是将私域等同于"疯狂添加微信好友+频繁发送广告"。这种错误认知不仅会导致品牌用户大量流失，还会严重损害品牌形象。

事实上，私域的价值，不在于用户的数量，而在于用户的信任。私域运营的核心在于系统地构建信任关系，从添加好友的那一刻开始，你的每一步动作，都应以向用户提供价值为核心。

知名科技作家凯文·凯利（Kevin Kelly）提出的"1000铁杆粉丝理论"极具启发性：无论你是谁，只要拥有1000名忠实粉丝，就能建立起可持续的商业模式。

私域，正是你汇聚和培育这1000名铁杆粉丝的理想平台。那些与你建立了深度信任的客户，不仅会重复购买你的产品或服务，还会通过口碑传

播产生裂变效应，最终使你的微信社交生态成为价值创造的网络中心。

◆ 探秘私域运营：核心主战场全解析

目前来看，微信生态绝对是私域运营的核心战场，包括微信（个人微信）、企业微信（企微）、公众号、社群、小程序以及视频号。

1.微信（个人微信）：私域运营的起点

优势：

灵活性高，适合一对一服务，能够提供个性化、贴心的用户体验。

用户信任感强，沟通直接，适合高频互动和深度服务。

朋友圈功能可用于内容营销，增强用户黏性。

劣势：

好友数量有限（最多10000人），每个人最多注册5个账号。

容易被用户屏蔽或忽略，尤其是朋友圈广告。

缺乏企业级管理功能，难以实现快速群发通知。

适用场景：

小型团队或个人创业者，适合需要高互动性和个性化服务的行业，如教育、咨询、高端零售等。

2.企业微信：私域运营的加速器

优势：

支持规模化客户管理，好友上限高达20000人，且可申请扩容。

具备标签、群发、客户画像等功能，支持精细化运营。

与微信互通，方便迁移客户资源，提供更专业的服务。

支持员工协作和管理，提升内部效率。

劣势：

用户感知上偏官方，互动氛围不如个人微信亲密。

功能较为复杂，需要一定的学习成本。

部分用户可能对企微消息产生抵触心理。

适用场景：

中大型企业，适合需要规模化运营和精细化管理的行业，如电商、金融、教育培训等。

3.公众号：私域运营的扩音器

优势：

适合发布深度内容，如品牌故事、产品介绍、行业资讯等。

支持菜单栏、模板消息等功能，便于用户自助获取信息。

可作为品牌官方发声渠道，提升品牌权威性。

劣势：

打开率较低，尤其是订阅号容易被用户忽略。

互动性较弱，用户参与度有限。

内容创作成本高，需要持续输出优质内容。

适用场景：

品牌宣传、内容营销，适合需要长期输出深度内容的行业，如媒体、文化、教育等。

4.视频号：私域运营的裂变器

优势：

依托微信社交关系链，内容传播速度快，容易形成裂变效应。

与公众号、小程序、企微等工具无缝联动，形成私域闭环。

支持直播功能，可直接带货或与用户互动，变现路径短。

劣势：

内容竞争激烈，需要持续产出高质量视频。

用户注意力分散，完播率和转化率可能较低。

算法推荐机制尚不成熟，流量获取难度较大。

适用场景：

内容营销、直播带货，适合需要视觉化展示和快速传播的行业，如美妆、服装、餐饮等。

5.社群：私域运营的发动机

优势：

能快速激活用户，形成高互动氛围，适合活动推广和用户教育。

用户之间可互相影响，容易产生"从众效应"，提升转化率。

运营成本较低，适合短期集中推广。

劣势：

需要持续运营，否则容易变成死群。

用户质量参差不齐，社群内可能出现广告刷屏或负面言论。

管理难度大，尤其是大规模社群。

适用场景：

活动运营、用户教育，适合需要高频互动和快速传播的行业，如电商、教育、快消品等。

6.小程序：私域运营的印钞机

优势：

轻量化、即用即走，用户体验流畅。

支持多种功能，如商城、会员系统、活动页面等，是私域变现的核心工具。

可与公众号、视频号、社群等联动，形成完整私域闭环。

劣势：

开发成本较高，尤其是定制化功能。

用户留存率较低，需要结合其他工具提升黏性。

竞争激烈，需要不断优化功能和用户体验。

适用场景：

电商、服务预订、会员管理，适合需要高频交易和用户自助服务的行业，如零售、餐饮、生活服务等。

工具	优势	劣势	适用场景
个人微信	灵活、高互动、信任感强	好友数量有限、难以规模化运营	小型团队、个性化服务行业
企业微信	规模化运营、精细化管理、与微信互通	互动氛围偏官方、功能复杂	中大型企业、需要精细化管理的行业
公众号	深度内容传播、品牌权威性	打开率低、互动性弱	品牌宣传、内容营销行业
视频号	快速传播、与生态工具联动、直播变现	内容竞争激烈、流量获取难度大	内容营销、直播带货行业
社群	高互动、低成本、快速传播	易变死群、管理难度大	活动运营、用户教育行业
小程序	轻量化、多功能、私域变现核心工具	开发成本高、用户留存率低	电商、服务预订、会员管理行业

除了微信以外，抖音、快手、小红书等平台也开始支持私域建设，如抖音粉丝群、小红书群聊等。但这些平台的私域运营更多依赖于平台流量，用户资产难以完全掌控。而微信凭借其完整的工具链和用户关系链，依然是私域运营的"王者"。例如，某餐饮品牌通过抖音短视频吸引用户关注，再引导用户加入微信社群或企微，结合视频号和小程序实现线上线下联动，

最终月销售额增长50%。因此，选择适合的平台和工具组合，是私域运营成功的关键。

◆ 私域内容规划：如何精准击中用户痛点

内容是私域运营的"血液"，没有内容就不会有信任。

当用户添加我们的微信进入私域后，需要我们保持内容的高频次更新，通过长期持续的价值输出，逐步与用户建立起深厚信任。

在此，我们以某女性创始人的私域内容规划为例，给大家提供一个切实可行的参考。

1.内容主题及占比

成长干货：占比40%，涵盖时间管理方法、职场晋升技巧、情绪管理心得等，旨在解决女性成长困惑。

案例分享：占比30%，通过讲述女性成功蜕变故事，展现其面临的困难与克服过程，引发读者共鸣。

热点讨论：占比30%，针对女性职场平等、女性健康等热门话题发表见解，引发广泛讨论。

2.发布频率及细节

社交平台：每周发布3—7条内容，晚上7—11点是黄金发布时段。发布内容需契合平台调性，保证内容质量，同时积极与用户互动，以此提升账号活跃度与影响力。

微信朋友圈：每天发布2—5条内容，主要分享生活感悟、成长点滴以及与其他平台内容互动，提升用户对我们的认同感与忠诚度。

6.2 私域引流不是简单加入，而是为用户提供价值

加好友是私域运营的起点，可好多人第一步就踩坑了，要么疯狂群发广告被封禁，要么费尽心思去截流，结果没人通过好友。那怎么做才能高效引流，还能真正留住用户呢？

◆ 公域引流

引流的核心，是让用户觉得"加你真有好处"。接下来，给你介绍5种常见的线上引流路径。不过，在实际操作运用前，需对不同平台的规则进行全面且细致的确认，从而选取安全合规的引流方式，避免遭遇平台处罚。

1. 关联群聊引流法

创建群聊：在抖音、小红书、视频号等平台分别完成群聊的创建工作。

设置入口：将群聊入口设置在各平台易于被用户发现的位置，如抖音个人主页简介、小红书笔记左下角、视频号资料页等。

多渠道引导：通过视频描述、直播口头告知、评论区回复等多种渠道，引导用户找到群聊入口。

2.评论区引导互动及转化法

积极互动：在视频或笔记发布后，及时在评论区与用户展开互动，通过提问、引导回复关键词等方式提高评论量。

引导转化：在互动过程中，运用置顶评论、回复评论提及等手段，引导用户点赞、收藏，进而将活跃用户转化为私域流量，如引导进群或关注账号。

3.矩阵引导法

主号引导至小号：在主号视频开头、结尾，以醒目字幕与口播引导："想获专属福利，关注小号（小号名称）。"同时积极回复评论，适时提及小号解答更详细。在主号简介中明确小号价值并附名称与跳转链接，如"关注小号（小号名称），得独家内容"，方便用户跳转。

小号引流至私域：小号内容围绕私域优势，提及"加（私域联系方式）进群，享专属福利与活动"。在评论区互动时引导用户进私域，如"社群有深入讨论，添加（私域联系方式）加入"。简介重点突出私域入口阐述社群功能，吸引用户进私域。

4.视频/笔记内容引导法

设计引导元素：在视频结尾、笔记结尾或简介中，设计包含关注引导语、群聊入口、个人号二维码等内容。

直接呈现引导：通过画面展示、口播、文字描述等形式，直接向用户讲解加好友的价值和引流路径，吸引用户关注并进群。

5.直播引流法

强调进群优势：在抖音、视频号直播期间，主播持续向观众强调进群的价值，如专属福利、交流机会等。

展示进群途径：通过口头告知、图片示范等方式，清晰地向观众展示进群的途径和方法。

设置群内活动：推广宣传仅群内用户可参与的福利优惠，将用户持续引流到微信生态。

◆ 设计标题

标题设计，是私域引流的"钩子"，直击用户痛点才能成功。

针对价格敏感型用户，可巧妙设置极具吸引力的福利标题。比如，用户添加好友即可免费领取红包，既实惠又能迅速抓住用户眼球；也可以设置实物福利，新人添加好友就能领取"实用好物"包邮到家，从而激发用户们主动添加好友的积极性。

针对精准用户，可以设置价值标题，如教育机构常用加微信送"最近10年考研高频考点汇总"，对考研党来说简直是雪中送炭；高端护肤品可以搞加好友享一对一肤质测评，满足用户对美的追求。这里举个案例对比一下，某健身房海报写"加微信咨询课程"，结果乏人问津；优化后写"加微信免费领取'30天减脂食谱+跟练视频'"，当天就引流200多人。

◆ 设置欢迎语

用户通过好友后，前3条消息就决定了他会不会屏蔽你。

我总结了一个欢迎语公式，欢迎语=自我介绍+即时奖励+下一步指引。给大家举个例子。

您好，我是您的护肤顾问小琳。（自我介绍）

恭喜您获得新人专属福利！（即时奖励）

点击链接领取价值99元的《敏感肌修复指南》，领取后还可以为您安排免费肤质测试哦！（下一步指引）

第一次和用户交流，千万别用"在吗？""方便聊聊吗？"这样的话，用户懒得回复；也别一次性发5条长语音，因为此举大概率会被无视。

记住，欢迎语是私域运营的第一印象，专业和价值是关键，可别一上来就推销。

◆ 用户分层

我们日常通过"打标签"对引流来的用户进行精细化分类，可以让服务更精准，提升满意度和转化率。

1.基础标签

基于用户的基本属性和静态特征进行分类。

（1）地域标签

根据用户所在地推送差异化内容，如公司所在地用户推线下活动，一、二线城市推荐高颜值产品，三、四线城市用户推高性价比产品。

（2）消费能力标签

高客单价用户推新品，低价用户推促销，高频用户推会员权益，低频用户推唤醒优惠。

（3）人口属性标签

按年龄、性别、职业等分类，如年轻用户推潮流新品，宝妈推母婴产品。

2.行为标签

基于用户的动态行为数据进行分类。

（1）兴趣偏好标签

根据用户点击、浏览内容标记兴趣偏好，如常看教育内容推课程，常看运动内容推装备。

（2）消费行为标签

根据购买记录分类，如周期复购型用户推定期优惠，多次浏览而未购买用户推限时折扣活动。

（3）生命周期标签

新用户推新手礼包，活跃用户推会员权益，流失用户推召回活动。

3.工具推荐

企业微信：支持手动或自动打标签，适合中小型企业。

SCRM系统：如微盟、有赞，支持自动化标签管理和精准推送。

数据分析工具：如神策数据、诸葛io、GrowingIO，深度分析用户行为，生成精准标签。

随着各平台规则不断调整，我们的引流方法亦需随之更新迭代。如果你希望获取最新的引流方式，欢迎与我联系沟通。

6.3 社群运营全攻略：手把手教你搭建第一个社群

◆ **微信群常见类型与运营策略全解析**

1.付费社群：新手入门的优选路径

付费社群的核心在于通过价格筛选机制实现用户分层。当你准备启动第一个付费社群时，建议将准入门槛设置在9.9—299元区间，这种定价策略的优势在于：付费用户因沉没成本效应，往往表现出更高的参与度与忠诚度，确保了社群生态的良性发展。

以职场技能提升社群为例，9.9元的入门费用可有效筛选出具有明确学习意向的用户群体，使社群成员结构更加精准。

运营过程中，持续输出高价值内容至关重要，包括行业前沿资讯解读、实战技能拆解等独家资源，以此构建深度信任关系。

2.免费社群：流量池的精细化运营

免费社群虽具有快速获客优势，但存在"僵尸化"风险。一般免费社群在成立30天后，活跃度普遍都下降。

因此，运营免费社群必须建立系统化激活机制，如每周设置固定话题日，通过"职场生存指南""技能提升秘籍"等主题引导用户互动；同时建立用户画像系统，基于发言内容与行为数据，精准匹配产品服务。

我们曾和某美妆品牌合作，在通过免费社群吸引3000多位精准用户后，配合"限时优惠+群内接龙"策略，提高了50%的转化率，充分证明免费社群作为前端流量池的战略价值。

3.训练营模式：短期集中交付的高效变现

训练营模式采用短期集中交付设计，符合现代用户快节奏学习需求。

以写作训练营为例，通过"7天基础构建+7天实战提升"的课程体系，配合每日打卡任务的即时反馈机制，确保学员在短期内获得显著能力提升。

训练营模式的运营重点在于打造峰值体验，邀请知名作家进行案例拆解直播，设置学员作品展示环节，营造专业氛围与成就感。结营时的转化策略尤为关键，通过"限时优惠+专属服务"组合拳，可实现35%以上的续费率。

这种模式的优势在于集中释放用户需求压力，快速建立品牌认知，实现高效变现。

◆ 社群基建体系搭建，开启高效运营之路

1.主题定位

在社群运营的战略布局中，构建前端流量与后端产品的价值闭环是核心目标。这一闭环体系的起点始于精准的社群命名，作为用户的第一触点，命名公式应采用"个人IP+价值关键词+场景化后缀"的组合策略。

以私域运营专家张三为例，"张三私域创富圈"的命名设计巧妙融合了个人品牌标识（张三）、核心价值主张（私域创富）与场景化归属感

（圈），这种命名方式不仅强化了品牌识别度，更通过"创富"这一关键词精准触达用户的核心需求。

在明确命名策略后，社群的价值主张需要与后端产品体系形成深度协同，建议采用"痛点场景+解决方案+量化结果"的公式化表达，如"加入本社群，掌握私域运营3大核心方法论，实现客户转化率翻倍"。明确的价值承诺，不仅能提高用户加入意愿，更为后续产品转化埋下了心锚。

2.公告规范

通过群公告的事前约法三章，不仅能降低运营管理成本，还能提升用户对社群价值的感知度。

价值说明：详细阐述社群提供的独家资源（如私域运营工具包、案例拆解报告等）。

行为准则：明确禁止广告投放、人身攻击等破坏社群生态的行为，设置阶梯式惩罚机制。

资源索引：通过飞书云文档、腾讯文档、石墨文档在线工具建立实时更新的资源库，分类整理优质文章、课程链接、行动指南、工具推荐等。

3.用户预期管理：打造完美第一印象

欢迎话术是用户对社群的第一认知触点，建议采用"三步引导法"。

价值确认：欢迎加入张三私域创富圈！本群专注私域运营变现，已帮助300多名学员实现业绩倍增。

行为引导：请立即查看群公告（收藏本群私域运营必备指南）和置顶群聊（每日私域干货福利不错过）。

价值承诺：准备好收获独家私域变现秘籍，开启你的业绩增长之旅。

◆ 建立科学的社群运营体系

1.精准筛选的三步法则

用户筛选是社群质量的生命线，建议采用"诊断—吸引—分层"的漏斗模型。

需求诊断：通过一对一私聊了解用户痛点，如我们做的是企业家社群，可以使用"您在企业经营中遇到的最大挑战是什么？"等开放式问题，精准定位需求。

价值吸引：采用"3大核心价值+2个成功案例"的话术结构，如"本社群已帮助200多名学员实现业绩增长，每周分享实操案例与工具包"。

精准分层：建立"基础—进阶—高阶"三级社群体系，根据用户认知水平、付费能力与需求强度进行定向分层，确保社群内容与用户需求的精准匹配。

2.内容运营的标准化架构

固定栏目：周一干货日输出"私域运营地图"等系统化知识，周三案例日拆解"从0到100万私域营收"等实战案例，周五福利日发放"私域诊断工具包"等实用资源。

深度互动：每周设置"如何提升私域转化率"等主题讨论，采用"案例导入+问题引导+经验分享"的互动流程。

UGC激励：设立"最佳实践奖""创意方案奖"等激励机制，优秀内容创作者可获得专属课程优惠与推广资源。

3.商业化节奏的科学把控

常规社群：采用8：2配比，80%内容聚焦知识赋能与案例解析，20%

用于产品种草，通过"痛点场景+解决方案+限时优惠"的话术结构实现自然转化。

团购社群：采用2∶8配比，以"红包开路+场景化种草+紧迫感营造"的组合策略，配合"前50名享5折"等限时话术，促进用户当场下单。

销售话术：遵循"AIDA"模型。Attention（红包吸引注意）—Interest（场景痛点引发共鸣）—Desire（产品价值激发需求）—Action（限时优惠促销行动）。

◆ 社群关键问题的高效应对策略

1.广告处理原则

及时干预：发现广告后2分钟内及时处理，并且再次强调社群规则，将广告内容顶上去，避免信息扩散。

话题引导："感谢分享，本群专注（主题），相关讨论可私聊群主"。或"感谢分享，本群专注私域运营，广告相关讨论可私聊群主"。

后续跟进：对于私聊发广告用户，重申社群规则，告知违反后果，保留清退权利。

2.社群生命周期管理

付费社群：采用季度/年度制运营，每季度/年度迭代更新社群内容和运营方式，保持新鲜感和吸引力。

免费社群：设置3个月观察期，活跃度低、转化效果差时，对社群优化或解散。

训练营：一般根据产品权益设定规则，结营（解散），避免出现恶意引流问题，如果有进一步需求的学员，可以标签记录为重点客户，后续通过一对一私聊和发售直播的方式成交。

3.提前通知

不少私域新人秉持一种错误观念，认为社群运营只需在出现问题时通知用户，随后着手解决问题即可。其实，这种观念存在严重问题。

在实际运营中，我们与用户之间存在着明显的信息差。用户对产品或服务的了解往往有限，很多关键信息如果不主动传达，用户难以知晓。同时，众多用户对我们缺乏信任。鉴于上述情况，关键消息提前通知至关重要。

以课程产品为例，在开营前，必须将如下一系列关键信息准确、及时地通知到位。

明确退费规则：清晰告知用户开课前退费规则，让用户清楚在何种情况下可退费，以及退费的流程与比例，避免后续因退费问题产生纠纷。

传达开课时间：发送课程表，确保用户能够提前安排好自己的时间，准时参与课程，提升用户体验。

课程形式说明：详细说明产品是直播形式还是录播形式，是否需要提前下载课程App，满足不同用户的学习习惯与时间安排需求。

4.用户退费需求处理

对于用户的退费需求，要秉持迅速响应并处理的原则。

一旦用户提出退费请求，应及时跟进，按照既定退费规则，高效处理退费事宜。

若未能及时通知关键信息，且对退费需求处理不当，极有可能引发一系列负面连锁反应。用户可能会在社群中进行投诉，进而引发大规模退费现象。这不仅会给你带来直接的经济损失，更会严重损害IP的口碑，致使之前苦心积累的品牌形象毁于一旦。

6.4 朋友圈高赞密码：3分钟写出吸睛爆款文案

微信朋友圈，现在已经成了我们放大机会的"事业圈"，倘若我们渴望激活私域，却不会写朋友圈文案，那无异于白白错失机会。

朋友圈的核心在于抓住注意力、传递价值、引发共鸣。如果你想写出高赞的朋友圈文案，必须掌握以下方法。

◆ 悬念开场

1.核心原理

在信息爆炸时代，3秒内抓住他人注意力是写好朋友圈文案的关键。悬念开场法则，利用人们的好奇心，制造认知冲突，来激发好奇心，让人想一探究竟。

2.案例拆解

职场成长："连续拒绝3个加班要求后，我的绩效反而涨了30%"，打破"加班=优秀"的常规认知，引发对拒绝加班，绩效反而提升的原因的好奇，适合分享职场边界感、效率管理等内容。

亲子教育："给孩子手机设了5道密码后，我收到了班主任的感谢信"，具体动作加意外结果形成反差，激发家长探索欲，适用于家庭教育、孩子习惯培养话题。

健康生活："把晚餐时间提前2小时，我的体脂率下降了8%"。通过强调微小改变带来量化显著结果，吸引关注健康的人，常用于健康管理、习惯养成类内容分享。

◆ 单核穿透

1.核心原理

1条优秀朋友圈文案=1个痛点+1个解决方案+1个行动指引。朋友圈文案的核心逻辑是，用痛点引发共鸣，用方案提供价值，用行动引导转化；痛点是内容的入口，抓住它，用户就会跟着你走；解决方案是内容的灵魂，让用户看到希望；行动指引是内容的出口，让用户愿意跟随。

2.案例分析

（1）知识付费

痛点："每次听完课就忘？这是90%学习者的通病"；

解决方案："我用'3—3—3笔记法'记住所有课程精华"；

行动指引："明早7点直播演示具体操作步骤（附模板）"，让有学习困扰的人找到解决办法和获取详细内容的途径。

（2）家庭教育

痛点："当孩子写作业总喊'我不会'，可能是这3个'求助信号'在闪！"；

解决方案："用'提问三板斧'激发孩子思考力"；

行动指引："文末领取《自主解题引导话术手册》"，针对家长辅导作业的问题给出策略和获取资源方式。

（3）个人成长

痛点："年初立的flag又倒了？你不是一个人"；

解决方案："这套'周目标拆解法'让我完成率提升300%"；

行动指引："评论区留言'想要'，私信模板"，吸引有立flag难实现经历的人互动。

◆ 对话式表达

1.核心原理

朋友圈是社交平台，对话式表达能让内容更贴近用户。

2.案例分析

（1）职场沟通

书面式："跨部门协作需要建立共同目标"。

对话式："上周和设计部开会差点吵起来时，我突然问：'我们共同的KPI是什么？'会议室瞬间安静了"，通过职场场景让读者体会建立共同目标的重要性。

（2）情绪管理

书面式："焦虑时建议进行正念练习"。

对话式："今早地铁坐过站时，我用了'3秒呼吸法'：①深吸气数3下；②屏息看周围3个物品；③呼气时默念'问题不大'。到公司时居然提前完成了日报"，将正念练习融入焦虑场景，便于读者理解尝试。

（3）亲子沟通

书面式："家长要学会倾听孩子需求"。

对话式:"昨晚孩子哭着说'同学都不理我'时,我没有说'你要主动',而是问:'你希望妈妈怎么帮你?'结果她自己想出了3个解决方案",以亲子对话展示倾听效果,更具说服力。

◆ 呼吸感排版

1.核心原理
排版是朋友圈的"呼吸器",能让内容更有层次感。

2.案例分析
(1)技能教学

书面版:摄影构图要注意主体突出、背景简洁、光线充足。

优化版:用符号和分段清晰呈现要点。

手机摄影万能公式大公开!

手残党秒变摄影大神,快码住试试

1个主角(占比画面60%);

2层背景(前景虚化+后景干净);

3种光线(侧光拍美食、逆光拍剪影、柔光拍人像)。

(2)产品推荐

书面版:这款护眼台灯采用全光谱技术智能调光系统,无蓝光危害。

优化版:为什么老师都推荐它?

★光照范围=传统台灯2倍;

★智能调光=20秒自动适配环境;

★续航时长=充1次用15天(附孩子书写实拍对比图)。

用列表和符号突出特点,附对比图增强说服力。

（3）经验复盘

书面版："项目复盘需要总结得失和制订改进计划。"

优化版："我的季度复盘框架来啦！"

① 3件超预期高光项——复制经验持续冲！

② 2件未达标小遗憾——拆解问题速改进

③ 1个潜力新赛道——果断布局求突破

手账模板我发出来啦，快来直接抄作业

◆ 价值观向上

1.核心原理

正能量的朋友圈，是个人品牌的"光环"。

2.案例分析

（1）职业转型

负面版："30岁还不转行就来不及了！"；

故事版："收到学员@Lisa的消息：'终于从会计转行做数据分析师了！'她34岁开始学习，用6个月完成转型：1月学Python—3月练项目—5月改简历—6月收offer。年龄从不是限制，行动力才是关键。"

（2）家庭关系

说教版："夫妻吵架时要控制情绪"；

见证版："读者@晴天分享：'用情绪暂停法后，我们半年没吵过架'。具体步骤，①感觉要生气时说'我需要冷静5分钟'；②去阳台看远处数10棵树；③回来用'事实+感受'沟通。她说这个方法拯救了她的婚姻。"

(3)个人突破

鸡汤版:"坚持运动才能健康";

故事版:"跟着你跑了3个月,高血压恢复正常了!今天晨跑时遇到张阿姨,她55岁开始运动,从走1公里就喘到能跑5公里。这是她的秘诀:每周运动3次绝不贪多,听评书转移注意力,在小区凉亭记录进步。真正的坚持,从来不用咬牙切齿。"

6.5 微信裂变：私域增长新范式解析

裂变营销凭借其传播特性和精准获客优势，已成为微信生态体系内不可不学的用户增长战略。本节将深度解析裂变的底层逻辑和执行路径。

◆ 私域裂变的三大增量价值

1. 用户规模突破性增长

优质裂变活动可助力品牌实现用户量的突破性增长，其核心在于构建可持续的社交传播闭环，让老用户成为新增长的助推器。

典型案例中，知识付费平台通过"以老带新"激励机制，老学员每成功邀请3位新用户即可解锁进阶课程，配合阶梯式奖励设计，实用户规模指数级增长。实体零售品牌则通过会员推荐返利机制，在降低单个获客成本42%的同时，持续扩大消费客群基础。

2. 品牌势能乘数叠加

裂变传播通过用户自发的社交背书，形成品牌影响力的复利增长。

以教育行业为例，某绘画IP通过学员作品对比图进行社交传播，单月新增精准用户超5万，成功突破垂直领域增长瓶颈。在快消领域，某新锐茶饮品牌通过用户UGC内容裂变，推动品牌搜索指数翻了一倍。

3.客单价与ROI显著提升

在知识付费场景中，就我曾经负责运营的一款英语教育产品而言，老用户带来的新用户课程完课率比常规渠道用户高出50%以上，付费转化率超出常规渠道用户2.3倍。运动品牌实操案例表明，通过会员裂变获取的新客群，其客单价较普通用户高出40%，复购周期缩短30%，显著提升营销ROI（投资回报率）。

◆ 私域裂变四级推进系统

1."钩子"品设计

"钩子"品是裂变活动的"敲门砖"，宜选边际成本趋零的数字化产品，如PDF文档、视频小课和音频课等。这里我要强调低成本≠低价值。相反高价值是"钩子"品的核心属性，我们可以将核心方法论浓缩到"15分钟可消化"体量，让用户短时间获取关键价值。比如，将视频小课中的私域运营体系提炼为"引流—转化—复购"三板斧框架。

此外，"钩子"品还应与正价产品强关联，可以在其中设置多次正价产品提示，如案例植入、跳转链接、限时优惠等。还可以在文档中插入"扫码领取完整方案"话术，音频课末尾设"加餐福利"领取入口，起到销售前置的作用。

2.种子用户运营

种子用户，是裂变的"火种"，其质量直接影响裂变效率，建立分级运营体系很有必要。某美妆品牌通过"老用户内测会"筛选出50名S级KOC（关键意见消费者），为其提供专属素材包，含10张场景化朋友圈图文模板、3套痛点型（利益型、从众型）话术体系，以及实时数据看板，激发竞争意识。最终撬动2300名精准用户，人均邀请8.3人。

3.裂变机制设计

裂变机制是传播的"核反应堆"，在裂变规则中植入社交货币可提升传播效果。比如设置"首席推荐官""明星战队"等头衔，满足用户荣誉感。某课程定制了电子勋章，分享率提升了42%。

竞争排行能激发用户积极性，实时显示TOP20战绩，每小时更新。某健康品牌设置"冲榜解锁流量池"机制，头部KOC贡献53%拉新量。

荣誉外化同样重要，生成含用户昵称的专属海报，植入朋友圈奖状模板，如"帮助23人提升职场竞争力"，用户分享展示成果，吸引他人参与。

4.成交场景打造

直播间信任公式为：专家背书（20%）+案例实证（35%）+限时福利（25%）+从众效应（20%）。

实际操作可采用四步逼单法：开播前30分钟，滚动播放成功案例视频，每5分钟插入倒计时提醒；第1小时，释放限量100份早鸟专属福利，含实体手册+一对一咨询；第2小时，邀请已购用户连麦见证，展示付款截图和使用效果；最后30分钟，向未购用户推送专属优惠码。

◆ 私域裂变执行五步法

1.蓄水期（T-15天）

此阶段需搭建种子库，通过问卷设置3道关键题，考察需求强度、社交活跃度、消费能力，精准筛选潜在种子用户。同时进行"钩子"品A/B测试，关注数据变化趋势。比如测试不同版本进群海报的点击率和转化率，最终将点击率从11%提升到30%。

2.预热期（T-7天）

采用悬念式剧透节奏吸引用户。例如：

倒计时7天发布《行业痛点白皮书》，引发共鸣；

倒计时3天公布课程目录，制造期待；

倒计时1天公布嘉宾阵容，建立信任。

3.引爆期（T-Day）

可以采用脉冲式传播节奏。例如：

8：00发布战队集结令，战队成员享15%额外分成；

12：00公布实时排行榜，Top10获官方流量扶持；

18：00启动"万人冲刺计划"，达成目标解锁超级福利。

根据裂变节奏每小时更新战报，可有效鼓励裂变团队的士气。

4.转化期（T+3天）

实施用户分层转化策略，根据用户在裂变过程中的行为和属性分层，制定个性化转化方案，提高转化效率。

5.沉淀期（T+7天）

建立裂变用户标签体系，按邀请人数分级（1—5人、6—10人、10人以上等），按客单价分层（低、中、高）。

◆ **长效裂变生态构建**

我们与新客户的关联绝非在一次裂变活动落幕后便戛然而止，我们需要对这些珍贵的流量客户关系进行深度筛选、精准分析以及悉心维护，以深挖其潜在价值。

建立用户成长体系：根据自身业务特点，可设置"体验用户—传播大使—合伙人"三级晋升通道，每级解锁不同权益，激励用户持续传播。

素材产出与管理：建立标准化素材中台，提供丰富传播素材（痛点海报、案例视频、裂变话术包），为裂变传播提供源源不断的物料支持。

数据监控与策略调整：搭建数据驾驶舱，监控裂变系数K值（K值=被邀请新增用户数/主动邀请的用户数）、LTV（客户终生价值）、传播衰减周期三大核心指标，依数据动态调整策略。借助数据实现科学运营，保证裂变效果。

6.6 巧用私域×付费会员制，让用户价值直线攀升

想象一下，你经营着一家拥有2万会员的店铺，月复购率却不足5%。这是浙江一位服装店老板的真实难题，而类似困扰的实体经营者高达90%。

知识付费领域同样面临挑战：某线上课程平台积累了10万免费用户，付费转化率却低于3%。然而，专注于付费会员关系的玩家却成绩斐然：山姆会员店中国区逆势增长，某读书App通过399元年度会员，实现单个用户生命周期价值平均超2000元。

这些数据表明：依赖免费流量的商业模式逐渐失效，私域+付费会员关系才是重构商业逻辑的核心。通过精准触达和深度服务，付费会员制不仅能提升用户忠诚度，还能为你创造更高的用户生命周期价值（LTV）。

◆ **重建三大关键认知，规避经营"自杀"风险**

认知一：会员是"共识群体"，而非单纯的数据

在会员经营中，一些商家仅仅将会员视为简单的数据资产，只关注会员数量的增长，而忽视了会员作为"共识群体"的特质。某读书App的"每天听本书"付费会员日均打开次数是免费用户的4.2倍，这表明付费会

员模式能够筛选出更有共识的群体，提高用户的参与度和忠诚度。

认知二：促销是手段，而非目的

一些商家为了吸引顾客，过度依赖促销手段，却忽略了产品和服务本身的质量。比如，某平台上的某美妆店铺，当停止"买一赠一"活动后，有30%的顾客转向另外一个持续打折的店铺，这说明这些顾客只是因为优惠而关注该店铺，并非对产品本身有真正的认可。

认知三：会员群是服务用户的港湾，而非广告战场

很多商家陷入了将会员群变成"广告群"的误区。他们错误地认为经营会员群就是定时推送红包、爆款、清仓等信息，却忽略了会员的感受。据调查，这种做法严重损害了用户体验，导致了高达80%的用户选择静默，每周黑名单的增长率也居高不下。

在打破认知误区之后，我们需要深入了解破局传统会员经营的底层逻辑，以更好地适应市场变化和用户需求。

◆ 破局传统会员经营的三大底层逻辑

1. 从"流量思维"转向"用户主权思维"

用户主权思维，是会员经营的核心。某电商店铺筛选出愿意支付199元入会费的20%核心用户，提供专属穿搭顾问服务，这部分用户年均消费从2400元大幅提升至1.8万元。高端健身房同样为付费会员提供定制化健身计划与专属教练服务，依据会员身体状况等制定个性化训练方案，定期跟踪效果并提供建议，这提升了会员的满意度、忠诚度和消费频次。

2. 从"卖货"升级为"经营心理账户"

心理账户，是会员信任的基石。某在线课程平台推出"保障型学习"

模式，用户花2000元兑换课程，若3年内薪资未增长20%可全额退款，成功锁定大部分用户。美容行业的部分美容院推出"会员储蓄消费计划"，会员预存金额用于美容项目消费，还能享受免费皮肤检测、专属顾问等增值服务，增加了对美容院的信任和依赖。

3. 从"单向推销"进化到"共创关系"

共创关系，是会员忠诚的纽带。某母婴类品牌定期邀请忠实会员（约占总会员数20%的深度活跃会员）参与投票选品，新品成功率从30%提升到近80%。在线教育领域某机构让会员参与课程设计，续费率提升至行业均值的3倍。

◆ 会员强化指南，加速一人公司转型进程

1.会员体系诊断与优化

想要运营好会员体系，首先需要明确问题所在。建议从以下3个关键方面入手。

会员触达渠道是否全面：重点检查微信、社群等私域阵地的运营效果，确保会员信息能够高效触达目标用户。

会员数据是否精准：梳理会员数据，完善用户画像，深入了解会员需求，为精准运营提供依据。

会员反馈是否及时收集：不要只凭主观判断，通过问卷、访谈等方式，倾听会员的真实感受，发现潜在问题。

此外，在会员体系优化中，不同行业应关注的重点也有所不同。

知识付费：重点关注课程打开率、完课率、续费率等核心指标，评估会员对内容的实际参与度。

电商行业：重点分析复购率、客单价等关键数据，优化会员消费体验，提升销售转化率。

初创公司：建议从最小化会员体系入手，边实践边调整，快速验证模式可行性。

2.构建"身份感差异"，激活用户深层价值

付费会员体系本质上是精心设计的"消费行为加速器"，通过激励机制与大数据算法构建的用户分层模型，将普通消费者转化为高净值用户。以某知识付费平台的会员体系为例：

会员等级	年费/获取方式	核心权益	行为触发机制
试用会员	免费（7天）	3节精选课程+基础学习工具包	损失厌恶（限时免费资源）
白银会员	199元/年	精选课程8折+月度直播回放权限	互惠效应（即时获得课程折扣）
黄金会员	499元/年	全平台课程7折+专属学习资料包	预期价值（课程资源长期收益）
钻石会员	1999元/年	课程6折+一对一导师辅导+线下沙龙资格	自我提升需求（高阶学习支持）
黑金会员	4999元/年	课程5折+私人定制方案+资源对接服务	身份象征（稀缺性特权）

需要强调的是，会员运营是一项需要长期投入的系统工程。唯有遵循"身份价值升级—体验感知强化—情感联结深化"的原则持续推进，才能逐步实现私域流量池的活性化运营与商业转化效能的指数级增长。

微信裂变营销与私域会员制，堪称私域增长的"双引擎"。裂变营销，能够带来用户规模的爆发式增长；而会员制，则有助于实现用户价值的深度挖掘与深耕。

掌握这些方法与技巧，将助力我们快速获取客户、提升产品销量，真正把私域变成一人公司的金矿。

第七章

单枪匹马闯江湖，AI 成交能力暴增宝典

7.1 洞悉用户购买心理，解锁高效成交密码

在商业世界中，消费者的选择总是令人好奇：为什么他们就喜欢这款产品，而不是另一款呢？现在咱们就好好研究一下用户做出购买决策的背后到底有什么逻辑。

◆ 购买决策的核心本质：价值 > 成本

当我们在商场购物或是在淘宝、京东挑选商品时，内心往往有一个清晰的目标，那就是寻找到能够切实解决问题、满足我们需求的商品。

从本质上讲，购买决策的核心就是遵循"价值 > 成本"这一关键原则。

"价值"是一个具有多层面内涵的综合性衡量标准。功能价值主要体现在商品的性能表现方面，以手机为例，其拍照的清晰度、运行的速度等，都是功能价值的具体体现；情感价值侧重于个人在购买和使用过程中的情感感受，就像买到一双限量版球鞋时，内心油然而生的那种独特满足感；社会价值则更多体现在社交层面，如驾驶豪车所凸显出的愉悦感，以及吸引他人目光的光环效应。

在做出购买决策的过程中，消费者始终在潜意识里对商品的价值和成

本进行权衡。这里所说的"成本",绝不仅仅局限于购买商品时支付的那部分金钱,还涵盖了许多隐性的方面。

时间成本:挑选商品时投入的大量精力。

维护成本:某些商品后续的高昂维护费用。

风险成本:商品可能存在的保值率低或售后服务缺失等问题。

在整个购买决策过程中,"价值＞成本"这一原则始终在消费者心中起着主导作用。只有当商品的价值与我们心中的需求适配,且所有成本都处于消费者的心理接受区间时,交易才能圆满达成。

◆ 价值感=可感知价值-价格

基于价值感公式,我们能够清晰地梳理出促进消费者购买决策的两条关键路径。

1.降低价格(成本)

2.提高可感知价值

我必须着重强调,对于轻创业而言,单纯依赖降价并非长久之计。

轻创业前期资源有限,一旦卷入价格战的旋涡,利润空间必将遭受严重挤压,从而极大地影响后续的发展与创新能力。而且,长期的低价策略易使消费者对产品质量产生怀疑,进而损害品牌形象。

例如,部分小型线上服装商家为增加销量,频繁进行低价促销,短期内订单数量虽有所上升,但因利润微薄,无法保障产品设计新颖、面料优质且质量稳定,最终导致退货率暴增、口碑下滑,店铺陷入经营困境。

相较于价格战,提升产品的可感知价值无疑是更为明智的选择。

一方面,可为产品赋予社交价值。例如,某知识付费从业者将课程打造成"人脉圈通行证",通过展示成功学员案例,打造活跃的学员社群,使学员既能获取知识,又能拓展人脉,课程客单价随之提高两倍以上,销售额亦显著增长。

另一方面,提升交付感与科技感至关重要。一家小型智能硬件创业公司,通过精致的产品包装设计、详尽的产品指南及完善的售后服务卡,大幅提升产品交付感;同时,在产品功能中融入人工智能语音交互技术,增强了科技感。尽管该公司的产品价格较高,但仍受市场青睐。

◆ 降低用户决策成本的关键维度

用户在做出购买决策时,通常会综合考虑金钱、时间和风险等多种成本因素。以下是从多个方面进行优化的具体策略。

1. 拆解金钱成本,引导理性权衡

价格拆分:将价格合理地拆分,有助于降低用户的心理支付门槛。例如,一款价格12000元的微单相机,采用分24期免息分期的方式,用户每月仅需支付500元。相较于一次性支付全款,这种方式无疑更容易被用户接受。同样,餐饮会员制餐厅通过展示会员与非会员在用餐价格上的明显差异,也能够吸引用户办理会员。

引导对比:引导用户进行投入产出比的对比,能让用户更清晰地看到购买行为所带来的价值。以在线职业技能培训课程为例,学费为3000元,学员学完后平均薪资能够提高20%。这意味着,用户在1个月内所涨的工资就足以支付购买课程的成本,且后续还有持续稳定的收益。如此直观的数据对比,无疑会增强用户的购买意愿。

2.提供高效方案，降低时间成本

在现代快节奏的生活中，时间成本是用户决策的最大敌人之一。我们可以通过提供"3分钟决策包"的方式，帮助用户在短时间内快速评估产品是否符合自身需求，从而提高购买意愿。例如，在线办公软件推出的"3分钟快速上手体验包"，其中包含核心功能介绍、详细的演示视频以及实用模板，能让用户迅速判断该产品是否适合自己。美妆品牌推出的小样试用装亦是同理，消费者通过短期试用体验产品效果，进而快速做出购买决策。

3.打造零风险承诺，消除后顾之忧

用户在选择产品或服务时，常常会担心效果不理想。零风险承诺，是用户信任的"定心丸"。例如，某些职业教育公司承诺的"考不过免费重学"，某些餐饮品牌推出的"不满意免费重做"，都是提高业务量和客户满意度的有效措施。

7.2 FABE四维模型:构建成交说服力的实用指南

◆ FABE四维模型

FABE四维模型作为国际公认且经过海量实践检验的经典销售方法,为我们提供了一套系统、全面且极具操作性的销售框架。

下面我们通过实际场景的演绎,深度解析四维模型的应用逻辑及其对销售过程的赋能作用。

1.特性（Features）

特性，是产品的身份证，是区别于竞品的独特标识，不会因个人的主观意愿或看法而发生改变。

例如，现在有一款空气净化器，其特性包括：

高效HEPA滤网（过滤99.97%的PM2.5）；

智能传感器，实时监测空气质量；

静音设计，适合夜间使用；

App远程控制，随时随地管理空气质量。

2.优点（Advantages）

优点，是特性的放大镜，让优势更显眼。优点是基于产品或服务的特性而衍生出来的，能够满足客户在某些方面的特定需求，或者解决他们在使用过程中可能遇到的问题。

我们继续以空气净化器为例，看看什么是"优点"：

高效HEPA滤网，能够快速净化空气，特别适合过敏人群和有呼吸道疾病的患者；

智能传感器，实时监测空气质量，让用户随时掌握室内空气状况；

静音设计，适合夜间使用，不会干扰睡眠；

App远程控制，让用户在外出时也能提前开启净化器，到家即可享受清新空气。

3.利益（Benefits）

利益，是客户购买产品的"最终理由"，它紧密围绕客户的需求和痛点展开阐述，强调产品或服务如何改善客户的生活、工作或娱乐等方面。

对于空气净化器而言，其快速净化空气、实时监测、静音设计和App远程控制的优点，最终转化为用户的利益。

过敏人群可以安心入睡，不再因为空气质量问题而感到不适；

呼吸道疾病患者可以在家中享受清新空气，降低病情复发的风险；

忙碌的都市人可以随时掌握室内空气质量，确保家人健康；

出门在外时可以提前开启净化器，到家即可享受清新空气，提升生活品质。

4.证据（Evidence）

证据，是产品价值的见证者。证据能够为客户提供客观、可靠的证明，使客户对产品或服务产生更深的信任。

证明产品优势的证据形式多样，包括权威机构认证、专业评测报告等。例如：

空气净化器获得国际权威机构（如AHAM）的认证；

在某知名评测机构的测评中，净化效率排名第一；

用户在社交媒体上分享使用体验，称赞其净化效果显著；

数据统计显示，使用该净化器的家庭，室内空气质量显著改善，呼吸道疾病发病率降低30%。

对于我们而言，FABE模型不仅是一套行之有效的销售话术，更重要的是，它能引导我们深入理解客户需求，以客户为中心，将产品的价值精准地传递给客户。

接下来再通过两个典型案例，深度解析FABE模型在实战场景中的应用技巧。

实战场景一：私域营销系统销售

面向期望强化私域运营的零售企业客户，销售人员可运用的FABE话术如下：

您好！得知贵公司正大力加强私域运营，我们这款私域营销系统专为解决私域流量转化难题打造。其智能客户画像引擎实力非凡，能依据消费习惯、浏览偏好等20多个关键维度数据，精准描绘客户画像（F特性）。

凭借此功能，系统可实现个性化营销内容精准推送，大幅提升客户互动率，打破沟通壁垒（A优点）。

实际使用效果显著。相关数据显示，使用该系统后，预计能助力贵司将客户转化率提升45%，营销团队每月可节省150多个无效营销工时，用于策划更吸引人的活动，创造更高收益（B利益）。

为让您直观感受系统卓越性能，这里展示其软件著作权证书（编号可在权威平台查询），还有某零售企业使用前后的转化率对比报告，以及行业调研机构数据，表明采用该引擎的企业私域运营效率居行业TOP5（E证据）。

实战场景二：大健康服务推广

针对注重健康管理的高净值客户，顾问人员的表述如下：

您好呀！欢迎了解我们的大健康服务。每位客户都有专属健康管理小组，含资深健康管理师、营养师和运动康复专家（F特性）。

他们相互协作，为您构建健康监测—方案定制—康复跟踪闭环，确保计划科学、精准且安全有效执行（A优点）。

在服务周期内，您就能看到非常显著的成效，像体脂率可降10%以上，免疫力提升指标达25%，众多客户已达成健康目标（B利益）。

这里给您展示健康管理师的国际权威认证证书，还有客户详细的健康指标动态变化图表，这些都充分证明了我们服务的优质效果和老客户的高度认可（E证据）。

◆ FABE自检：打造高效销售与风险防控指南

FABE自检堪称销售话术的质检利器，能够保证每一句话都精确无误且充满力量。尤其是当我们借助AI来生成话术之后，便可以依据以下标准展开检验工作。

1.特性（Features）自检

表达通俗：别用专业术语，要用大家都能听懂的话来讲产品特性。比如，介绍智能音箱的时候，别说"内置AI语音交互芯片"，就说"能很快听懂你的指令，回答得可准了"。

描述精准：介绍产品特性要完整、准确，别夸大，也别做虚假宣传，关键信息不能漏掉。

证据规范：引用数据这些证据的时候，要说明来源和时间。比如，"根据××机构××年报告，本产品续航时长比同类产品长20%"。

2.优点（Advantages）自检

逻辑紧密：紧密的逻辑，是优点的连接线。比如，智能门锁有好几种解锁方式，其优点可以说"不管啥场景都能解锁，又方便又安全"。

区分概念：要弄清楚优点是产品本身的属性，利益是客户能得到的价值。

突出优势：把优点的好处都展现出来。比如，手机轻而薄，可以说"重量才150克，厚度还不到7毫米，放进口袋一点都不觉得沉"。

3.利益（Benefits）自检

量化呈现：数据是利益的放大器。比如，推广办公软件的时候，可说"用了之后文档处理效率能提高35%，每个月能节省8小时工作时间"。

提示差异：要跟客户说清楚，利益效果可能因人而异，别承诺过头了。

贴合需求：从客户的痛点出发，保证利益的阐述跟客户的实际需求相符。

4.证据（Evidence）自检

多元全面：从数据、案例、专家意见等多个方面提供证据，这样说服力更强。

合规使用：用客户案例得先拿到书面授权，展示的时候还要附上声明。

真实有效：确保证据是真的，而且没过期，别用假的或者过期的信息骗客户。

"执行—检查—处理"是提升学习效率的有效途径之一。当我们将FABE思维模型巧妙融入日常表达习惯之中，便能持续优化自身销售能力，进而推动业绩实现稳健增长。

7.3 个人故事成交法：用导演思维涨粉变现

一个好的个人故事，胜过千言万语的推销。借助故事的力量，我们无须费力主动推销，便会有源源不断的客户主动找上门来。

可以精炼地将个人故事成交法总结为三个关键步骤：找准主题论据、引发好奇、产生共鸣。

◆ 找准主题论据：用真实经历塑造人设

1. 明确你的主题和人设

人设，是你在用户心中的品牌标签。创作个人故事之前，你得问自己一个关键问题："我希望世界如何看待我？"

假如我要推广一门写作课，我会希望在大家心中树立这样的形象："从文案小白成长为文案变现专家。"或者"助力他人打造IP的顶尖营销专家。"无论是哪种方向，核心都是塑造超级专家人设，让潜在客户看到我的定位和独特价值。

2. 围绕主题深度挖掘素材

高光时刻：比如，薪资翻倍，或者某项关键技能得到质的飞跃。就我自身来说，从月薪3000元开始，在文案写作领域不断深耕，逐步成长到月入四五万元，再到成功助力IP实现百万元收益。在这个过程中，我文案能力的提升，尤其是为产品创造的转化率提升，才是故事的重点，而非单纯强调收入数字的变化。

数据：像"产品转化率暴涨200%""单篇文案转发破10000+"这样的数据，一旦出现在文章里，文章的说服力就会得到大幅提升。

真实：这是故事的底线，绝对不能虚构。大家要注意，任何虚假内容都可能给我们带来严重问题。

对比：低谷足够痛，高光才能足够爽。比如，"从不会写文案到写出爆款文案"。普通人也完全能通过对比的方法，创作出潜力无限的动人故事。

3.精心筛选最佳素材

在筛选素材的过程中，我们应当优先选择那些能够充分展现自身擅长领域的故事。即使个人缺乏极其亮眼的高光时刻，也可以通过选取成功案例来突显个人的专业价值。

举个例子，有一位营销顾问，他并没有特别突出的创业成功案例，但他可以详细讲述这样一个案例突出自己的专业能力："帮助一家濒临倒闭的公司，通过精准的市场定位与营销策略，使其在一年内业绩增长50%，成功扭亏为盈并在行业内崭露头角。"

4.强化社会证据

借助第三方背书的力量，比自吹自擂更有效。客户的真实好评是最佳的背书，我们可以通过文字描述或图片展示在个人故事里。

比如客户对我的好评："合作之前，我们都觉得文案最多就是锦上添花的作用。没想到谭老师不仅专业，还能完全站在品牌的角度去思考，直接帮我们提升了30%的转化率，太牛了！"

媒体报道也能为你的专业形象加分不少，像提到合作品牌获得过的奖项、登上热搜话题、出过的书等，都能让读者更加信赖你的实力。

◆ 引发好奇：用反差和冲突吸引关注

好奇心，是用户注意的第一驱动力。引发读者好奇的核心在于制造认知差距，让读者感觉"看似不可能的事情在你身上发生了"。

1.展现强烈反差感

在各类叙事场景中，我们常常会运用一些具有强烈反差效果的表达方式，这种方式在吸引读者注意力、激发其阅读兴趣方面具有显著的作用。

例如，在英语课程的宣传推广中，我们经常会看见"从英语不及格到考上牛津剑桥"这样的表述；在创业故事的讲述里，"从初中辍学到创办千人公司"也是常见的故事桥段。

这类表达之所以能够产生强大的吸引力，是因为它们所呈现出的巨大反差，能够让读者在瞬间产生一种"竟然有人做到了，那我也可以"的惊讶感。这种惊讶感会极大地激发读者的好奇心，促使他们产生强烈的阅读欲望，进而深入了解其背后的故事和成功经验。

2.巧妙设计冲突点

内在冲突，是故事的情感张力。它涵盖价值观挣扎，如放弃高薪追逐理想、突破能力瓶颈等。以我研究生退学后的迷茫阶段为例，先后展现了自我认知重塑的历程，还有投身新兴互联网行业，面临未知恐惧与现有舒适生活不舍的内心挣扎。

外在冲突，是故事的现实共鸣。可包含家庭反对创业、职场竞争压力、客户质疑等，应避开敏感的价值观冲突，聚焦普遍性困境，如创业者面对家人反对、同行竞争和客户不信任却努力取得成功，能让有创业想法的人感同身受。

3.冲突点解决

解决冲突，是获取用户信任的关键。要具体且有说服力地展示从困境到成功的过程，让读者切实感受到故事的完整性和可信度。

比如，解决英语成绩不及格的冲突，可详细说明我们如何通过制订科学的学习计划（如每天定时背单词、阅读短文等）、采用有效学习方法（如利用记忆技巧、分析错题原因等）以及坚持不懈努力，最终实现成绩大幅提升。

又如，解决新手账号没流量的冲突，可以阐述我们如何通过精准定位目标受众（分析用户画像、兴趣爱好等）、优化内容质量（提高内容价值、趣味性等）、运用有效推广策略（社交媒体推广、合作推广等），成功吸引大量粉丝关注，使账号火爆起来。

◆ 产生共鸣：用情感连接与价值展示打动读者

1.精准直击痛点

痛点是连接用户与我们的桥梁，要明确向客户传达能创造的"结果"。客户关注的是"我能从中获得什么"，而非专业术语。这里的写作技巧是在故事中提前关联客户需求与解决方案。

以我的真实经历为例，"我曾帮助一家教育公司解决新课推广难题，当时他们新上线的一门在线课程预售情况很不理想。我通过精心策划，产出两篇推文，突出课程亮点和用户价值，最终预售量突破2000件。"这里客户关注的并不是我具体运用了什么写作技巧，而是我能否真正帮他提升产品转化率、获取精准客户。

同时，要强调"低成本创造高收益"的方案。比如，"我只是对课程文案进行过优化，转化率就提升了200%，而且无须增加额外的广告成本"，这对客户来说是极具吸引力的。

2.品牌价值传递

按照"客户困境—解决方案—成果"的结构呈现案例细节，带读者代入整个解决问题的场景。

我可以这样写客户案例，来证明自己运营小红书的能力。"有位小红书穿搭博主，起初内容杂乱，粉丝增长慢且变现难。经我们团队沟通，确定'职场女性一周穿搭不重样'定位，规划内容，打造文案。首篇笔记播放量从几百飙升至超2万，1个月涨粉5000人，合作推广费从几百元涨至3000元左右。3个月内，粉丝量增长1.5万。"

3.设计情绪共振

场景化提问，能有效激发读者的代入感。

比如，"你是否也曾在深夜反复修改文案，却感觉毫无进展？"还可以在文章里绑定与客户长期合作的可能性，像"我们团队服务过的客户中，有80%在首次合作后，都会主动把我们推荐给身边的同行——因为他们打心底知道，真正专业的文案，能够带来持续的业绩增长"。

一篇优质的个人故事文，恰似一座蕴藏着无尽财富的宝藏，能为你创造源源不断被动成交的机会，我也会在本书配套的电子智库中，展现我精心撰写的个人故事。

那么，为何不即刻开始你的写作呢？去尽情体会被动成交所带来的快乐吧。

7.4 私域发售成交：小投入撬动大收益

在流量红利消退的大背景下，私域发售以其"一对千、一对万"的批量成交模式崭露头角，已然成为知识付费领域与实体品牌发展的全新强劲增长引擎。接下来，就让我带你探究一下究竟什么是"私域发售"吧。

◆ **私域发售的本质：零存整取的批量成交艺术**

私域发售并不仅仅是在私域流量池中销售产品，而是一套高效的成交系统，能够将分散的流量转化为"集中成交势能"。其本质可以概括为"零存整取"，即通过长期的用户运营和信任积累，最终在特定时间点集中变现。

其核心在于以下两个关键点。

1. 信任资产的集中变现

品牌信任是最核心的资产。无论是知识博主还是实体品牌，都需要通过长期的内容输出、用户互动和服务体验，逐步积累用户的信任。这种信任不是一蹴而就的，而是通过持续的价值传递和情感连接逐步建立起来的。当新产品或服务推出时，私域发售通过线上发布会、直播等形式，集中释放这些信任资产，从而实现高客单价产品的大量成交。

例如，某线上商学院通过长期的课程输出和学员互动，积累了大量的忠实用户。当推出新的高端课程时，商学院通过直播发布会的形式，邀请行业大咖背书，并让老学员分享学习成果，成功吸引了大量新学员报名。

2.势能爆破的杠杆效应

私域发售的另一个核心在于"势能爆破"。通过裂变传播、直播转化和社群造势等手段，将IP或品牌的影响力推向高峰，使用户产生"非买不可"的心理。这种势能爆破的杠杆效应，能够在短时间内集中释放品牌的影响力，形成强大的销售势能。

以某实体潮牌为例，在新品发售前，该品牌运用系列策略，包括提前预热、实施限量发售计划以及邀请明星代言等，成功营造出稀缺感与紧迫感。发售当日，凭借这些策略引发的消费冲动，实现了线上线下的"爆单"。此后，又因"爆品效应"，产生了持续不断的长尾销量。这种以势能爆破为杠杆的营销模式，不仅有效提升品牌在市场中的知名度，而且显著促进了销售额的增长。

◆ 私域发售的四大核心流程

私域发售的成功离不开系统化的流程设计。以下是私域发售的四大核心流程。

1.流量蓄水

流量蓄水是私域发售的首要环节，也是决定私域发售效果的关键步骤。其核心在于通过输出优质内容和运营精准用户，持续吸引目标用户进入私域流量池。

无论是知识付费领域还是实体品牌营销，都需要借助公域平台（如抖音、小红书、微博等）的流量资源，通过精细化运营策略，将潜在用户引导至私域平台（如微信公众号、企业微信、社群、小程序等）。

知识付费：在抖音、小红书等平台上发布科普内容，吸引目标用户关注并导流至微信公众号或知识星球等私域平台。

实体品牌：借助短视频展示产品使用场景，引导用户至公众号、小程序或线下社群。

分层运营：基于用户行为、兴趣及消费记录等标签体系，对潜在用户进行分层运营。例如，邀请未付费用户入群参与直播，为已付费用户设计裂变机制，以最大化用户价值。

2.预热造势

预热造势作为私域发售的核心环节，其核心目标是通过悬念营销和权威渗透策略，有效激发目标用户的期待感和信任感，为正式发售做好充分铺垫。

悬念式内容：知识付费可以通过倒计时海报展示课程亮点；实体品牌可以通过倒计时海报分享新品研发故事，制造悬念感。

权威渗透：知识付费可以通过突出讲师的行业地位和成功案例，增强用户的信任感；实体品牌可以通过展示品牌奖项、专利等，提升品牌的专业性和权威性。

3.裂变传播

裂变传播作为私域发售的重要增长引擎，其关键在于设计具有吸引力的激励机制，通过精心策划的裂变玩法（如拼团、助力、分销等），激发用户主动传播，从而快速扩大品牌影响力与用户规模。

设计吸引力：知识付费，可以设计行业报告或学习资料，使其成为裂变的关键，实体品牌可以提供产品小样或优惠券，吸引用户参与传播。

激发种子用户：以知识付费的付费学员、实体品牌的忠实客户为种子用户，通过竞赛机制、分层奖励等方式，激发他们的传播动力。

4.规模化成交

规模化成交是私域发售的重头戏，通常以直播形式实现，其核心价值在于通过集中式场景营销，最大化释放用户价值，实现"一对千、一对万"的转化。

提升直播参与率：多渠道提醒（社群、私信、短信）+到课福利（签到红包、抽奖），确保用户准时参与。

连麦策划：知识付费连麦行业专家、优秀学员；实体品牌连麦明星、KOL，提前沟通内容，提升专业性和吸引力。

直播内容逻辑：知识付费可采用20%干货+40%案例+40%成交主张；实体品牌可采用20%产品展示+40%使用案例+40%促销活动。

逼单策略：设置专属折扣或赠品，营造紧迫感，同时强调库存有限或活动即将结束，促使犹豫用户快速决策。

◆ 私域发售的未来：个体商业的终极形态

私域发售的崛起标志着商业竞争进入"用户终身价值运营"时代。

1. 私域发售是对抗流量内卷的解药

在公域流量成本日益攀升的背景下，私域发售通过运营存量用户，减少对公域平台的依赖。知识付费平台凭借老学员的口碑与裂变吸引新学员，实体品牌依靠老客户推荐拓展新客户，降低获客成本，实现以小博大的增长。

2. 私域发售是商业效率的放大器

私域发售通过集中资源在特定时间点爆发，避免日常销售的时间损耗。知识付费机构定期举办课程发售活动，集中推广；实体品牌定期开展新品发售活动，短时间内吸引大量关注与购买，提高销售转化率。

3. 成功的发售会带来更多的成功

每一次成功的私域发售都是品牌影响力的指数级增长。知识付费IP通过发售课程提升知名度与专业性；实体品牌通过新品发售增强品牌认知度与美誉度，吸引更多粉丝与消费者。

对于超级个体和小团队来说，私域发售不需要庞大的团队和大量资金，掌握蓄水、造势、传播、转化的标准化流程，就能实现可持续的爆发式增长，在红海竞争中突围。

7.5 打造分销成交体系，解锁躺赚密码

在用户极度喜新厌旧的今天，如果有1000个认可你、追随你的分销员，你的变现效率远超拥有100万粉丝的博主。

下面，咱们就深入了解下构建分销体系的流程。

◆ 构建分销体系的三大核心要素

1.价值锚点：打造超级分销产品

产品是连接用户的桥梁，优质产品能让连接更稳固。借鉴某海外大型超市会员体系，构建"'钩子'品—利润品—旗舰品"三级产品矩阵。打造分销产品得遵循"三高"原则。

高复购率：像洗发水、沐浴露等日化产品，消耗快，复购频繁。

高毛利：美妆产品利润空间大，有利于运营和盈利。

高社交属性：知识付费产品方便用户分享知识，社交属性强。

2.种子用户：培育核心分销节点

优质产品需要靠谱的推广者，种子用户就是关键。运用RFM模型（最近一次消费至今的时间、一定时间内重复消费频率、一定时间内累计消费

金额）和NPS净推荐值，筛选出忠实又乐于宣传的KOC种子用户。培育种子用户分为以下3步。

建立专属成长体系：助力种子用户在推广中成长。

提供定制化培训：根据用户特点传授推广技巧。

设计阶梯奖励机制：业绩越好，奖励越丰厚。

3.激励系统：构建自驱型增长飞轮

人做任何事都是希望有反馈的，特别是早期双方还没有建立充足信任的阶段，有效的激励系统能全面激发分销员的动力。可以从以下4个维度优化制度。

即时激励：像某社群电商的分销返现，订单完成马上就能得到分成，能激发积极性。

成长激励：某行业顾问体系建立等级晋升机制，给分销员提供就业机会。

荣誉激励：某平台的砍价王者设置排行榜和勋章系统，满足荣誉感，激发竞争意识。

特权激励：某手机的推手计划为分销员提供专属选品和活动优先权，增强归属感。

◆ 分销渠道搭建5步法

1.渠道战略定位

渠道定位，是分销体系的方向标。根据不同产品和服务特点，可以选择对应的模式。

高客单服务：适合直销裂变模式。比如，混沌学园通过学员口碑推荐发展新学员。

快消品类：二级分销模式效果好，某平台用这个模式成功推广产品。

综合电商：通常采用平台分佣模式，某平台用户通过链接下单，推广者能获得佣金。

2.分销基建搭建

基建扎实，分销体系才能稳如泰山。技术模块要包含分润系统、层级管理及数据看板。分润系统依规则精准核算并发放收益，层级管理有序管控分销人员，数据看板直观呈现关键数据，助力业绩与分成管理。人力层面上，要定期开展分销政策、销售技巧等内部培训，引入外部专家分享前沿资讯与案例，激发创新思维，助力团队不断成长。

3.设计冷启动计划

策划诸如"老带新特权日"等活动，充分调动老用户积极性，大力招募种子用户。同时，选定用户集中区域，全力打造样板市场。

4.规模化复制

成功经验的复制，是分销体系的增长密码。例如，某分销学院通过搭建线上培训学院，为分销员提供丰富的学习提升机遇。

5.生态体系构建

致力于构建充满活力的分销生态系统，可引入第三方服务商、举办线下赋能活动、打造分销素材库，实现资源共享与优势互补。

◆ 风险防控与合规建设

对于一人公司来说，搭建分销渠道绝不仅仅是简单的业务拓展行为，其深远意义直接关系到公司能否实现可持续发展。合规运营应始终被置于首要地位，容不得丝毫懈怠。

1.一定要严守法律，杜绝三级以上分销，不然容易触及红线。

2.建立合规分佣结算体系，做好税务筹划，避免财务与税务风险。

3.部署AI舆情监测系统，及时应对负面舆情。

4.搭建产品溯源体系，保障产品质量，维护品牌信誉与市场竞争力。

7.6 案例成交思维,激活业务增长飞轮

如何高效且最大限度地积累并完善自身的成功案例体系?这是每一位创业者都无法回避,并且必须深入思索的核心命题。

数字时代,案例是业务的增长飞轮,借助那些鲜活且极具说服力的案例,我们能够迅速提升品牌的知名度与市场影响力,营收也会相应水涨船高,最终构建起一个高速运转的业务闭环,源源不断地为我们的事业注入强大动力。

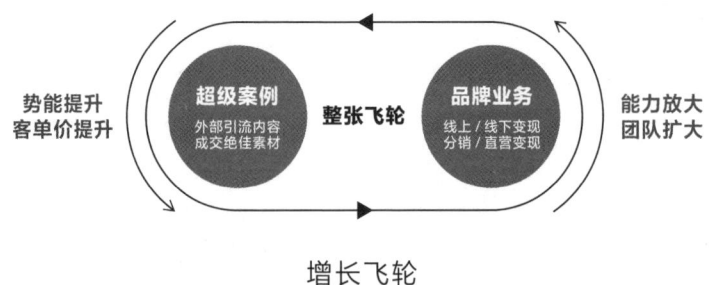

增长飞轮

案例营销的过程有三个关键步骤:深挖案例影响力,包装展示案例,应用推广案例。

◆ 深挖案例影响力，开拓业务版图

在我们的项目成功交付之后，一定要好好挑选那些有代表性、影响力大的客户案例。在深挖案例的过程中，务必留意以下4个要点。

1.痛点记录：与客户交流时，一定要详细记录下他们在进行私域改造前，最为头疼的3个问题。打个比方，当客户打算进行私域改造时，获客成本高、用户黏性低、运营效率低下等问题，往往会让他们苦恼不已。

2.决策转折：深入思考究竟是私域改造方案的哪些优势，促使客户最终下定决心进行改造。也许是其独特的用户分层运营策略，也许是高效的自动化工具，或者是超高的ROI预期。私域改造若能显著提升用户复购率，自然会对客户产生强大的吸引力。

3.收益验证：切实获取客户在进行私域改造后，在销售额、用户增长等方面所获得的实际收益数据。比如，进行私域改造后，GMV从原本每月100万增长至370万，这样的数据极具说服力。

4.口碑证言：将客户的真实使用感受原汁原味地记录下来，这些肺腑之言能够引发潜在客户的情感共鸣，增强他们对私域改造方案的信任度。例如，客户评价私域改造"用户运营效率显著提升，我们的销售额实现了跨越式增长"。

这里分享一个"案例价值萃取公式"，能帮我们精准提炼案例价值，公式为：商业价值=收益提升数据+时间节省数据+风险降低描述。我们以某私域改造项目为例，在短短3个月内，GMV增长了270万（收益提升数据），客服响应时效从6小时锐减至15分钟（时间节省数据），并且成功规避了封号风险，实现了合规运营（风险降低描述）。

◆ 精包装巧展示，塑造品牌吸睛名片

在建立完善的客户案例库后，我们需要持续优化案例的视觉呈现策略，将其打造为我们的核心竞争力展示平台，有效传递品牌价值与专业实力。

1.社交媒体传播

采用"三屏式长图文"的内容架构（痛点分析—解决方案—成果展示），在私域流量池进行精准传播。

以品牌策划案例为例，首屏聚焦客户痛点，通过数据可视化呈现原有困境；中屏系统展示服务流程，突出专业方法论；尾屏以对比形式呈现转型成果，强化案例说服力。这种结构化内容既能激活存量客户，又能通过社交裂变实现品牌背书。

2.视频内容营销

在视频号平台打造"客户证言+数据可视化"的沉浸式内容。通过客户访谈实录增强可信度，结合动态数据图表（如销售额增长曲线、市场占有率变化等）直观展示服务价值。建议采用"1+3"内容模式：1分钟精华版用于传播，3分钟完整版用于深度展示，满足不同场景的传播需求。

3.线下体验设计

打造标杆案例手册，将其打造为高端商务场景中的有力营销利器。手册内有精心设计的对比展示页面，客户能够直观感受到服务前后的显著变化，涵盖品牌形象升级、空间改造效果，以及营销效果等一系列可视化数据。通过专业化、直观化的展示方式，不仅有助于提升客户的信任度，还为促成高客单价合作提供了坚实有力的支撑。

客户案例呈现，并非仅仅是成果的简单展示，其本质是品牌价值持续

输出的过程。如何将案例内容与新兴技术深度融合，如何打造更具互动性的展示形式，如何实现跨平台的内容协同，都值得深入思考和持续创新。

◆ 应用推广案例，实现业务破圈腾飞

当我们顺利完成上述两个关键步骤，成功将案例精心包装后，接下来就要大胆且果断地运用这些案例。千万不要谦虚或犹豫，要知道，实实在在的案例，其说服力远远超过那些停留在口头上的愿景。

1.潜在客户沟通

与潜在客户交流时，主动展示成功案例，详细讲解其中的策略和执行过程，让客户对你产生信任，并愿意与你合作。比如，在介绍品牌策划案例时，可以重点分享市场调研的方法、创意的诞生过程，以及最终的落地执行细节，让客户感受到你的专业性和执行力。

2.行业评选与奖项申报

在参加行业评选或奖项申报时，用成功案例作为支撑，能够显著提升公司的知名度和影响力。例如，凭借一个出色的品牌策划案例参与营销类奖项评选，一旦获奖，公司的行业地位和品牌形象都将得到极大提升。

在创业的漫漫长路中，案例的积累、整理与运用应当被视为重中之重。每一个案例都是公司成长的见证，更是未来发展的基石。只有充分发挥案例的价值，才能在激烈的商业竞争中乘风破浪，驶向成功的彼岸。

第八章

解读风险管理能力，安全为何比速度更重要

8.1 公司注册风险

公司注册是创业的第一步,90%的新手都会在这里踩坑。公司注册不仅仅是填写表格和提交文件,它涉及公司类型的选择、税务登记、法律责任等多个方面。如果在这一步出现问题,可能会为未来的运营埋下隐患。

◆ 公司注册风险表现

1.公司类型选择不当

在创业初期,许多创业者会选择个体工商户的形式,因为其注册流程简单、管理灵活。然而,个体工商户的缺点是承担无限责任,一旦公司负债,创业者需要用个人财产偿还。这可能会给承受能力较低的创业者带来巨大的经济压力。而有限责任公司股东责任以认缴出资额为限,还能享受小微企业的税收优惠政策。如果创业者不了解这些优势,可能会错过这些政策红利,增加运营成本。

2.税务登记出错

税务登记是公司注册后的重要环节,但许多新手在这一步容易出错。例如,年收入在300万元以内的公司可以选择小规模纳税人身份,享受

1%—3%的增值税优惠税率和每月10万元的增值税普通发票免税额度。

此外，许多创业者在成本票据较少的情况下，未申请核定征收，导致综合税负高达5%—10%。还有一些创业者使用个人微信或支付宝收款，未将这些收入申报纳税，面临偷税漏税的风险。

◆ 风险应对措施

1.合理选择公司类型

创业者在注册公司时，应根据自身的创业阶段和风险承受能力，合理选择公司类型。如果处于试水阶段且能接受高风险，可以考虑个体工商户；如果追求风险可控与税收优惠，优先选择有限责任公司。

2.精准税务登记

在税务登记时，创业者应根据业务规模和财务状况，合理选择纳税人身份。比如，年收入在300万元以内的公司，可以选择小规模纳税人身份，享受1%—3%的增值税税率和每月10万元的增值税普通发票免税额度。

注册公司后应立即开通对公账户，所有收入都应通过公账进行，杜绝使用个人账户收款。每月使用专门的财务软件自动生成税务报表，确保税务申报的准确性和及时性。

此外，小规模纳税人可自愿转为一般纳税人，但需注意进项抵扣规则的变化。

8.2 AI工具风险

◆ AI工具风险表现

1.数据使用风险

AI工具训练依赖大量数据，若数据来源未经合法授权，则将引发侵权问题。此外AI工具往往缺乏严格的数据审核能力，若基于互联网上不准确的数据产生错误输出，且该输出侵犯了第三方权益，那么工具使用者也难辞其咎。

2.算法侵权风险

一些开发者可能在未获得授权的情况下，借鉴甚至抄袭其他已有的AI算法。开源算法的使用也并非毫无风险。部分开源协议对算法的使用、修改和再分发有着严格规定。若企业在使用开源算法开发AI工具时，未遵守这些协议，可能会被要求公开源代码，甚至面临法律诉讼。

◆ 风险应对措施

1.确保数据合规使用

建立严格的数据审核机制，在使用数据训练AI工具前，仔细审查数据来源。对于从第三方获取的数据，务必获得合法的授权许可，并保留相关证明文件。对于数据标注工作，要加强管理。选择专业、可靠的标注团队，并制定详细的标注规范和审核流程。定期对标注数据进行抽查，确保标注的准确性和合规性。

2.算法使用合规管理

在开发AI工具时，要对使用的算法进行全面审查。若使用自有算法，要做好算法的专利申请和保护工作。若使用第三方算法，必须获得合法授权，并严格按照授权协议使用。同时加强对算法开发人员的知识产权培训，提高其版权意识。

3.明确AI生成内容的版权归属

对于企业内部开发的AI工具，制定内部规定，确定员工使用AI工具生成内容的版权归属企业。在涉及AI生成内容的商业应用中，提前向合作方说明版权情况，并在合作协议中明确相关权利和义务，避免后期出现纠纷。

8.3 现金流风险

很多公司倒闭的主要原因之一是现金流断裂。特别是许多创业者在财务管理上缺乏规划，导致公司无法应对突发情况。

◆ 现金流风险表现

1.现金流储备不足

许多创业者在公司运营初期，未储备足够的现金流。账户余额低于6个月的固定支出（包括房租、社保、工资、贷款月供等），一旦遇到业务淡季或突发情况，公司可能无法维持正常运营。

2.收入波动无应对

一人公司的收入往往存在波动，但许多创业者未建立收入预警机制。当连续3个月收入低于平均值的70%时，未采取有效的节流计划，如暂停外包、缩减营销预算等，导致公司财务状况恶化。

3.回款速度慢，账期长

许多创业者在业务合作中，未采用有效的回款策略，导致账期过长，资金回笼速度慢，影响公司的现金流。

◆ 应对措施

1. 储备生存金

创业者应始终保证账户上有足够的生存金，确保公司能够应对6个月的基本运营支出。这不仅是公司生存的保障，也能为创业者提供心理上的安全感。

2. 建立收入预警机制

创业者应建立收入预警机制。若连续3个月收入低于平均值的70%，需立即启动节流计划，暂停不必要支出，缩减营销预算，以保障公司渡过难关。同时，要全面评估现金流健康状况，除收入外，应收账款周转率、存货周转率等指标也至关重要，密切监测这些指标，有助于更精准地把控公司财务状况，确保企业运营稳定。

3. 优化回款策略

在业务合作中，创业者应优化回款策略，推出"预付享折扣"（要严格遵守专款专用原则）等优惠措施，缩短账期，加快资金回笼速度。同时，使用专门的财务数据管理工具，制作现金流预测表并每月更新，确保公司财务状况透明、可控。

8.4 税务风险

税务风险贯穿公司运营的全过程,许多创业者在税务管理上存在疏忽,导致公司面临税务稽查和罚款的风险。

◆ 税务风险表现

1. 发票违规

一些创业者为了降低成本或获取不正当利益,虚开发票,包括为他人开具、为自己开具、让他人为自己开具、介绍他人开具等违法情形。这些行为不仅违反税法规定,情节严重的还可能面临刑事责任。

2. 税收政策理解偏差

许多创业者对国家出台的税收优惠政策理解不透彻,错误享受优惠导致少缴税款。后期被税务机关查处时,需补缴税款,并缴纳罚款和滞纳金。

3. 公户转个人风险

部分创业者在经营过程中,存在将公司资金直接转移至个人账户的情况。若该资金转移缺乏明确的用途说明,亦不存在合理的商业目的,那么这种行为极有可能引起税务机关的关注,并被认定为偷逃税款或隐匿公司收入之举。

特别是当创业者频繁地将公司资金汇入股东个人账户，并且无法提供与之对应的合理支出凭证时，公司很可能面临税务机关的专项稽查。一旦稽查属实，公司将承担相应的经济责任，包括但不限于补缴所欠税款、缴纳逾期滞纳金。按照相关法律法规的规定，公司还有可能面临一定金额的罚款。

◆ 应对措施

1. 警惕虚增成本票

创业者需警惕发票管理中的虚增成本票问题。虚增成本票是企业通过虚构交易、伪造票据等不正当手段增加成本支出，以减少应纳税所得额、逃避缴税。此行为严重违反税收法规，会给企业带来巨大法律风险与经济损失。

比如，部分企业为降利润、少缴税，与无实际业务往来的企业或个人勾结，让其开具虚假成本发票，这些发票对应的交易要么不存在，要么金额、内容与实际不符。税务机关检查发现后，企业将面临补缴税款、加收滞纳金及罚款等处罚，情节严重的还会构成犯罪，要承担刑事责任。

因此，定期审核发票至关重要。审核时要确保发票的真实性，核实真伪防假票；保证合法性，检查开具是否符合法规和企业规定；确认关联性，避免无关发票入账。

2. 加强税收政策学习

创业者应关注国家税务总局及当地税务机关的政策更新，参加专业税务培训课程或讲座，聘请专业税务顾问，定期审查和指导公司税务情况，确保公司合法合规享受税收优惠政策。

3.规范公户转个人操作

在公户转个人操作上，创业者应明确用途，如发放工资、差旅费、支付报销款、股东合法分红等，并保留完整的业务凭证和账务记录。对于需代扣代缴个人所得税的情况，严格按照税法规定履行代扣代缴义务，避免税务风险。

8.5 合同风险

合同在业务运营中至关重要,一旦出现合同风险,极有可能导致经济损失,甚至引发法律纠纷。

◆ 合同风险表现

1.合同条款不完善

在合同签订环节,不少创业者由于疏忽,未能对合同中的关键条款,诸如双方权利义务、违约责任、交付时间,以及质量标准等做出清晰明确的规定。这种情况在合同实际履行过程中,极易引发各种争议。以软件开发合同为例,若在合同中未对验收标准这一重要内容予以明确界定,那么在项目推进到验收阶段时,双方可能会因对项目成果是否符合预期的理解存在偏差而产生分歧与矛盾,最终可能导致整个项目无法按照预期顺利完成交付。

2.合同主体资格审查不严

在商业活动的合同签订过程中,部分创业者由于疏忽或缺乏风险意识,未能对合同相对方的主体资格、资质证书、信用状况,以及履约能力展开全面且严格的审查。这种不严谨的操作可能致使创业者与那些并不具备相应资质或者实际履约能力不足的主体签订合同。一旦进入合同履行阶段,创业者便极有可能面临合同无法正常履行的困境，甚至有可能遭遇欺诈行为，从而给自身带来巨大的经济损失和法律风险。

◆ 应对措施

1.完善合同模板

创业者在开展业务活动过程中，应当依据相关法律法规和行业标准，精心制定一套规范、详尽的合同模板。该模板应充分考虑到各类常见业务场景，确保在各种商业交易情境下都能提供全面且细致的合同条款指引。

在实际签订每一份具体合同时，创业者需要结合该业务的独特情况和具体要求，对预先拟定的合同模板进行有针对性的调整和优化。务必保证合同条款的表述清晰、准确无误，不存在任何模糊或歧义之处。只有这样，才能从根本上有效保护创业者自身的合法权益，避免在合同履行过程中因条款不明而产生纠纷和风险。

2.严格审查合同主体

在正式签订合同之前，创业者应充分利用工商登记查询平台，仔细核实对方的主体资格信息，确保其具备合法的经营身份；借助专业的信用评级机构所提供的查询渠道，全面了解对方的信用状况，评估其商业信誉和信用等级；此外，实地考察也是不可或缺的环节，通过亲身走访对方的经营场所，直观感受其实际运营情况，进而准确判断其履约能力。

综合运用上述多种方式，全面审查合同方的主体资格、资质证书、信用状况和履约能力，才能切实保障合同签订的合法性和安全性，为后续的商业合作奠定坚实基础。

8.6 合规性风险

随着我们业务的不断拓展，合规性风险逐渐增加。如果不能有效应对，可能会给公司带来意想不到的麻烦。

◆ 合规性风险表现

1.法律法规不熟悉

许多创业者由于缺乏专业的法律知识和敏锐的法律意识，他们在业务开展过程中，难以准确识别和把握各种法律风险点。这种情况导致创业者在日常决策和操作时，因为不了解法律法规而在无意中违规，如此一来，不仅可能会面临相关处罚，还会对企业的声誉和长期发展造成严重损害。

2.内部管理缺失

部分创业者由于对企业合规性管理的重视程度不足，未能建立起完善且行之有效的合规性管理体系。同时，在业务开展过程中，缺乏定期的合规性审查机制，无法及时发现和纠正团队的潜在违规行为，特别是团队多数为兼职的一人公司风险更为严峻。种种因素相互交织，最终导致了违规行为在企业运营过程中时有发生，给企业带来了不可忽视的风险和损失。

◆ 应对措施

1.建立法务支持体系

创业者在开展业务前,应聘请专业法务机构,全面了解目标市场的法律法规和政策要求,建立区域化法务云智库,收集整理不同地区的法律法规和政策信息,方便随时查阅。

2.强化内部管理

创业者应建立完善的合规性管理体系,定期对业务进行合规性审查,及时发现并纠正违规行为。同时,定期对团队进行合规性培训,提高团队的法律意识和合规能力。

第九章

以联盟之力，从个体突破跃升生态共赢

我曾亲历过一人公司的双重现实：初创期的高效执行与扩张期的资源困局。

凌晨3点敲定的方案，上午10点即可推向市场，一人公司的极致敏捷性曾让我在3天完成一场百万营业额的发售操盘。然而，当我首次与大公司展开合作时，却体会到，业务链的任何一点细微波动都足以使项目陷入停滞——单兵作战的天花板远比想象中来得更快。

因此，组建联盟、汇聚创始人势能与吸引专业人才，是我们突破瓶颈、实现小而美创业的必经之路。

后续四步法是基于实战的联盟进化指南，当你熟练运用这套流程后，就会发现：联盟的力量，远大于个体的单打独斗。

9.1 图谱构建：从学习到筛选，打造高效联盟

一人公司联盟的构建是一个从学习到筛选的质变，最终目标是通过资源整合与合作共赢，组建有核心竞争力和行业影响力的商业联盟。

◆ 从学习到实践

创业前期，建议先专注于将自身打造成某一垂直领域的超级IP，积累核心竞争力和行业影响力。随后，通过积极参与行业活动、展示自身价值，寻找机会加入成熟的IP联盟，深入体验其运作机制。

从学习到实践的三步走策略。

1.参与联盟运营：在实战中学习资源整合、合作模式设计及成员管理经验，同时积累人脉和资源。

2.发掘合作伙伴：通过项目合作，在项目合作中，筛选能力需求匹配的潜在伙伴，建立深度合作关系，逐步组建自己的联盟班底。

3.角色升级：从参与者转变为发起者，实现联盟运营能力和商业影响力的全面提升。

◆ 候选人储备

参加行业活动，是获取潜在合作伙伴的重要方式。建议你每年至少参加3场垂直领域的专业活动（如短视频创作者大会、内容营销峰会等），深入融入行业生态，与同行交流经验、分享见解。同时，参加两场跨行业峰会（如自媒体与电商融合峰会），以拓宽视野，发现新的业务增长点。

这里推荐给你一个"3分钟价值陈述法"，可以用于在线下和线上活动中推广你的联盟。

1.第1分钟：简单介绍联盟的核心能力，如资源整合能力、IP孵化经验产品互推机制和流量赋能体系等。

2.第2、3分钟：详细阐述与潜在合作伙伴的共赢点，如资源共享、联合变现、品牌联动等。

通过这种方式，迅速吸引潜在成员的关注，建立初步合作意向，并逐步完善联盟候选人储备库。

◆ 权重评估

在组建IP联盟时，第一批发起人的选择至关重要。建议从自身和用户的双重需求出发，制定权重评估标准，筛选出最契合的合作伙伴。

评估维度与权重如下（以某教育MCN创始人筛选标准为例）。

1.内容创意（权重40%）：考察内容新颖度、创意能力及对目标受众的吸引力。

2.制作成本（权重30%）：评估价格合理性及性价比，确保合作成本可控。

3.交付周期（权重20%）：明确项目完成时间，确保合作效率。

4.服务响应（权重10%）：关注合作伙伴在紧急需求下的响应速度和服务态度。

比如，某IP工作室通过权重评估，找到了风格高度契合的视频拍摄机构，双方合作推出的视频内容获得了极高的市场反响，有效提升了IP的影响力和商业价值。

9.2 价值交换：发挥优势，互利共赢

在IP联盟的运营中，价值交换是核心驱动力。通过流量共享、成交分润和联合交付，联盟成员可以实现资源互补、利益共享，最终达到互利共赢的目标。

◆ 流量共享

流量联盟不应是单向的流量输送，而应是一种双向赋能、利益共享的深度合作模式。通过整合各方流量资源，我们既可以实现刷屏级的传播效果，也能为合作伙伴带来实实在在的收益。

1.利益共享

合作伙伴在各自的社群、自媒体平台上推广活动时，我们可以按流量贡献比例分配收益（如销售额的20%—50%作为推广奖励）。

2.流量激活

我们可以将专题活动作为推广素材，高频次发布内容，有效激活我们的私域流量，这样不仅能够提升我们的品牌曝光度，还可能会带来新的客户资源。

3.长期合作

建立流量联盟数据库，记录各合作伙伴的流量贡献值，未来优先与高贡献值伙伴合作，形成良性循环。

比如，在某大型产品的发售中，我们与联盟伙伴达成流量互换协议，这样不仅能让我们获得更多曝光，也能让合作伙伴从中获得直接的经济回报，实现双赢。

◆ 成交分润

销售是创业的核心环节，其成效直接关乎公司存亡。而汇聚众多精英的联盟，凭借成员的多元才能与广泛影响力，能够有力左右我们的最终成交额。

1.相互站台

联盟成员在彼此的发售活动中提供支持，互相造势打气，如宣称"下周××老师首播，我将连麦助阵"，并根据成交额按比例分润（如5%—20%）。在合作过程中，各方充分根据自身优势选择不同分工，全方位推动直播成交的高效达成。

2.客户置换

在邀请联盟成员参与连麦之际，承诺如果对方有新产品发售，将为其提供价值相当的宣传资源。比如，在专属社群内大力推广嘉宾的产品或服务，全力助其提升新品知名度与影响力。针对自身手中非精准但契合盟友业务方向的客户，积极进行转介绍，以此促进客户资源在联盟内的合理流动与高效共享。

3.能力共享

邀请成交领域的资深高手加入，通过毫无保留地分享逼单话术、应对用户抗拒点的标准模板，以及最新的引流实用玩法等关键策略，助力联盟成员有效提升成交额。作为回报，我们也要为成交高手提供与之贡献相匹配的咨询服务费用。

◆ 联合交付

我们可以通过联合各领域头部IP，提供超预期的交付内容，从而提升课程或产品的溢价能力，与合作伙伴共享收益。

1.联合交付分润：比如，与头部IP联合设计课程，不仅提升了产品的市场竞争力，还实现了溢价收益的共享，建立了长期稳定的合作关系。

2.增值服务分成：在课程或产品交付过程中，提供联盟伙伴的增值服务（如一对一咨询、直播陪跑、定制化解决方案），并按服务费用与联盟伙伴分成。

通过联合交付和利益共享，我们不仅能提升产品或服务的市场竞争力，还能与合作伙伴共同享受溢价收益，建立长期稳定的合作关系。

9.3 系统协同：三大核心策略提升联盟竞争力

在联盟的运营中，系统协同是提升整体竞争力的关键。通过标准化协作规则、案例共享以及定期沟通，联盟可以实现高效运作、资源共享和持续发展。

◆ 标准化协作规则

制定全面覆盖项目全流程的标准化协作规则，明确各合作伙伴的职责、利益分配及关键时间节点，以降低沟通成本、提升执行效率。

1.明确职责与利益分配：例如，在电商领域，采用"采购成本+销售提成"模式，既保障了供应商收益，又激发了双方的积极性。

2.合作合同先行：当交易涉及预付款时，务必在合同中明确，若有成员未能按约定完成既定任务，其有责任全额返还所接收的预付款。针对涉及销售分成的情形，要在合同里清晰界定结算时间节点，以及详细的计算方式，避免潜在纠纷。

3.关键节点提醒：设定关键节点提醒机制可提升项目执行效率。依据项目进度表梳理关键节点，并借助项目管理软件，提前一周、3天及当天向负责人发送提醒，明确各合作方在节点的具体任务，避免项目延误。

◆ 案例共享

联盟之间可以将彼此的成功合作经历作为案例进行展示与分享，以吸引更多新成员加入并拓展业务机会。

1.案例记录与展示：详细记录合作策略、执行细节、问题及解决方案，形成完整案例。例如，文创联盟与营销联盟合作打造爆款文创产品，展示其市场潜力和营销方案的有效性。

2.赋能资源拓展：通过线上和线下渠道的案例展示，巩固现有合作关系并吸引新成员，为联盟带来更多业务机会与资源。

◆ 定期沟通

联盟发起人需与成员保持紧密沟通，建立联盟成员数据档案，了解成员需求与成长情况，并据此调整联盟规划和发展方向。

1.定期沟通：每季度与每位联盟成员进行一对一谈话，了解其对联盟的评价、业务需求及最新成长情况。

2.精准调整：基于沟通信息，组织专项培训、引入更多品牌资源或优化资源共享机制。例如，在新媒体联盟中，发起人可根据达人表现调整培训内容和资源分配。

3.增强归属感：通过持续沟通和调整，增强联盟成员的归属感和参与感，确保联盟始终保持活力，快速适应平台规则和市场需求的变化。

协同是成功的基石，通过标准化协作规则、案例共享以及定期沟通，不仅能提升联盟成员的竞争力，还能确保联盟的长期稳定性。

9.4 生态进化：打造高效稳定的合作伙伴联盟

在联盟的运营中，动态优化是确保联盟长期稳定发展的关键。通过建立合作伙伴数据库与数据监控考核、设置合作试用期，以及定期更新合作伙伴，联盟可以持续优化合作伙伴生态，保持竞争力和市场适应性。

◆ 数据监控

建立一个详细的合作伙伴通信录数据库，对有合作意向或已建立合作关系的伙伴信息进行系统整理和分类。定期向这些合作伙伴发送行业洞察报告，涵盖最新的政策法规变化、市场趋势分析以及内容创新方向等，展现公司的专业性以及对合作的重视程度。

1.数据库建立与维护：例如，某小型市场调研公司建立了全面且详细的合作伙伴数据库，每月定期向合作伙伴发送精心撰写的市场调研报告和行业动态分析，成功维护了良好的合作关系，赢得了更多的合作机会和业务订单。

2.数据监控与考核：利用数据看板等工具实时跟踪和深入分析联盟的运作情况，及时掌握各项关键数据指标，如业务量、转化率、客户满意度等。每季度对合作伙伴进行KPI考核，从多个维度评估其表现，确保合作质量始终保持在较高水平。

3.整改机制：针对考核不达标的情况，制定详细的整改机制，要求合作伙伴在规定时间内提出整改方案并落实，定期复查整改效果，确保联盟整体运营的稳定性和高效性。

◆ 试用期机制

为确保联盟合作的高效性与稳定性，需建立起一套完备的成员进入和退出机制。针对新加入的合作伙伴，设立3—6个月的合作试用期。在试用期这一关键阶段，应密切且全面地观察合作伙伴的综合表现。

若在合作过程中，发现合作伙伴的实际表现未能达到预期要求，或者在双方协作过程中产生无法调和的矛盾冲突，我们基于维护自身利益与合作大局的考虑，有权重新选择更为契合的合作伙伴。

这一机制的重要意义在于，能够及时止损，有效避免陷入长期且不利的合作困境，从而将合作风险降至最低。通过严谨的试用期机制，联盟能够确保在合作过程中及时且灵活地调整合作伙伴，始终维持良好的合作关系，推动联盟事业的稳定发展。

◆ 优胜劣汰

为保持联盟的竞争力和活力，每年引入20%的新合作伙伴，为联盟注入新的理念、资源和活力。同时，淘汰表现最差的10%的合作伙伴，通过这种优胜劣汰的方式，确保联盟始终保持高效运作。

1.引入新合作伙伴：以互联网广告联盟为例，广告平台会定期开展筛选与招募工作，每年精心引入20%的新广告主和媒体资源。新合作伙伴的到来，进一步拓展了联盟的业务边界，同时也为整个平台带来了显著的流量增长。

2.取代低贡献成员：根据数据反馈，去除那些对联盟发展贡献度较低的成员，显著提升联盟整体的运营效率，进而优化盈利模式，稳步增强盈利能力。

这一引入与淘汰相结合的过程构成了联盟的动态调整机制，凭借这一充满活力与适应性的机制，联盟能够不断优化合作伙伴生态，使其始终与市场的发展趋势相匹配，保持强大的市场竞争力和高度的市场适应性，稳步朝着长期稳定的发展目标迈进。

管理学家詹姆斯·穆尔说："未来的商业竞争，本质上是生态系统的竞争。"

懂得借力结盟的创业者，定能在商业世界中开辟广阔天地，实现从单点突破到生态共赢的华丽转身。

结 语 CONCLUSION

从 1 到 ∞，AI 轻创业的复利方程式

随着AI创业时代澎湃而至，我们正目睹一个个前所未有的商业图景：

知名主播单场直播销售额堪比上市公司季度营收，程序员通过开源项目建立全球影响力，设计师在社交平台收获跨国订单，大学生运营自媒体积累数百万粉丝……

AIGC搭台，一人公司登场，时代的商业密码就藏在"小个体×大平台×AI能力"的乘积里。

《AI轻创业：从零开始学做一人公司》系统地解构了我从职场人到超级个体的完整方法论。

产品能力：从需求洞察、产品设计到研发落地，打造具有市场竞争力的差异化产品。

内容能力：建立可持续的爆款内容生产体系，实现理念传播与流量获取。

直播能力：构建高转化直播间，提升用户信任与购买决策效率。

私域能力：通过精细化用户运营，打造忠实用户群体，实现持续转化。

成交能力：掌握从销售技巧到谈判策略的完整闭环，提升转化效率。

联盟能力：建立跨领域合作网络，复利效应才会真正开始。

限于篇幅，书中虽已详尽阐述了核心方法论，但诸如AI进阶提示词汇总、数字人克隆指南、私域发售全流程拆解、极简产品设计自评表等资料文档，我们将通过"AI智库"等方式为你展现。

我诚挚期待与你深度连接，一同探讨当下最前沿的创业理念和商业红利，携手成为AI轻创业时代的创富领袖。

当你把AI轻创业看作个人价值的放大器，而非传统意义上的公司实体时，属于你的财富增长曲线将正式展开。

你的办公室可以设在客厅，客户却来自北上广深。团队可能就你一个人，却有108个AI员工，服务卖到全国各地——AI轻创业时代，敢想就一定能成真！